Estudios de la OCDE sobre Gobernanza Pública

La Integridad Pública en el Ecuador

HACIA UN SISTEMA NACIONAL DE INTEGRIDAD

El presente trabajo se publica bajo la responsabilidad del Secretario General de la OCDE. Las opiniones expresadas y los argumentos utilizados en el mismo no reflejan necesariamente el punto de vista oficial de los países miembros de la OCDE.

Tanto este documento, así como cualquier dato y cualquier mapa que se incluya en él, se entenderán sin perjuicio respecto al estatus o la soberanía de cualquier territorio, a la delimitación de fronteras y límites internacionales, ni al nombre de cualquier territorio, ciudad o área.

Por favor, cite esta publicación de la siguiente manera:
OECD (2021), *La Integridad Pública en el Ecuador: Hacia un Sistema Nacional de Integridad*, Estudios de la OCDE sobre Gobernanza Pública, OECD Publishing, Paris, *https://doi.org/10.1787/1f00de5c-es*.

ISBN 978-92-64-58733-5 (impresa)
ISBN 978-92-64-39825-2 (pdf)

Estudios de la OCDE sobre Gobernanza Pública
ISSN 2414-3308 (impresa)
ISSN 2414-3316 (en línea)

Imágenes: Portada © Ministerio de Turismo de Ecuador.

Las erratas de las publicaciones se encuentran en línea en: *www.oecd.org/about/publishing/corrigenda.htm*.
© OCDE 2021

El uso del contenido del presente trabajo, tanto en formato digital como impreso, se rige por los términos y condiciones que se encuentran disponibles en: *http://www.oecd.org/termsandconditions*.

Prólogo

La integridad pública es el elemento aglutinante que mantiene unidas a las sociedades. Es la alineación consistente con, y el cumplimiento de, los valores, principios y normas éticos compartidos, para mantener y dar prioridad a los intereses públicos, por encima de los intereses privados, en el sector público. No respetar estos valores y normas socava el desarrollo incluyente y sostenible, y puede poner en riesgo a nuestras democracias. Como factor clave que impulsa la confianza en el gobierno, la integridad pública es decisiva para asegurar la credibilidad y, por lo tanto, el apoyo y el éxito de sus políticas.

La integridad pública también es indispensable en el contexto actual. Los países están sufriendo las consecuencias de la crisis por COVID-19 y han movilizado importantes recursos públicos para disponer de vacunas, garantizar los servicios de salud, proporcionar apoyo a las personas más vulnerables y sostener a las empresas. Desafortunadamente, esta situación también ha agravado los riesgos de corrupción, y en muchos países, los casos de corrupción vinculados con la gestión de recursos relacionados con la COVID-19 están aumentando el ya creciente descontento de los ciudadanos, destacando la pertinencia de crear un sistema de integridad pública receptivo y resiliente.

Para responder a esto y a otros desafíos contemporáneos, Ecuador ha reconocido la necesidad de mejorar en forma continua sus políticas. Aunque la integridad pública es un tema novedoso en el país, Ecuador ha mostrado disposición para crear un sistema nacional de integridad conforme a las buenas prácticas internacionales y la *Recomendación de la OCDE sobre Integridad Pública* (en lo sucesivo "*la Recomendación de la OCDE*"). Éste apoyará a Ecuador a organizar una respuesta viable a la corrupción, ya que la integridad pública aspira a ir más allá de la mera reacción a los escándalos mediante la construcción de una cultura de integridad en todo el gobierno, el Estado y la sociedad. Adicionalmente, consolidará los esfuerzos más amplios que realiza Ecuador para participar en el diálogo internacional —que incluye haberse unido al Centro de Desarrollo de la OCDE en 2019— y encontrar soluciones innovadoras para promover un crecimiento incluyente y sostenible, reducir la pobreza y las desigualdades, y mejorar la vida de la gente.

Este informe, apoyado por la Cooperación Técnica Alemana en Ecuador, se basa en el trabajo y experiencia de la OCDE en integridad pública en América Latina y muestra el compromiso del país para fortalecer sus normas y prácticas de integridad. Se centra en los aspectos institucionales y estratégicos abordados en el primer pilar de la *Recomendación de la OCDE*, que Ecuador ha identificado como prioridades para crear un sistema de integridad. En sí, el informe proporciona una hoja de ruta con recomendaciones concretas que pueden ser consideradas por el nuevo gobierno electo en 2021 para sentar las bases de un enfoque estratégico y completo para la integridad. Aprovechando este primer informe, Ecuador podría decidir ampliar el estudio a los otros dos pilares de la *Recomendación de la OCDE* —cultura de integridad y rendición de cuentas— y llevar a cabo un Estudio de la OCDE sobre Integridad, que permitiría al país solicitar su adhesión a la *Recomendación de la OCDE*, como han hecho otros países no miembros en la región, por ejemplo, Argentina y Perú.

Agradecimientos

El informe fue preparado por la División de Integridad del Sector Público de la Dirección de Gobernanza Pública de la OCDE, bajo la dirección de Elsa Pilichowski, directora de Gobernanza Pública de la OCDE y de Julio Bacio Terracino, jefe interino de la División de Integridad del Sector Público. El informe fue coordinado y redactado por Giulio Nessi de la División de Integridad del Sector Público. El informe se benefició de las ideas y comentarios de Frédéric Boehm de la División de Integridad del Sector Público y de Juan Vázquez Zamora y Cristina Cabutto del Centro de Desarrollo de la OCDE. Se contó con el apoyo editorial y administrativo de Meral Gedik, Rania Haidar, Andrea Uhrhammer, Laura Uribe, Charles Victor y Laura Voelker. Laura Córdoba Reyes realizó la investigación preliminar para el informe. La traducción al español del informe fue elaborada por Carmen Navarrete y editada por el equipo técnico de la Dirección de Gobierno Abierto de la Secretaría General de la Presidencia de la República del Ecuador.

Agradecemos el apoyo técnico y financiero de la Cooperación Técnica Alemana, implementada por la *Deutsche Gesellschaft für Internationale Zusammenarbeit* (GIZ), a través del Programa "Ecuador SinCero - Prevención de la Corrupción, Transparencia y Participación Ciudadana", liderado por Fiorella Mayaute. En particular a Jessica Leguia y Germán Guerra, miembros del equipo técnico en Ecuador SinCero, por el soporte y sus contribuciones al informe.

La OCDE expresa su gratitud al Gobierno del Ecuador, así como a todas las instituciones públicas que participaron en el proceso, por su cooperación, en particular, a la Secretaría General de la Presidencia de la República, la Secretaría Técnica Planifica Ecuador, el Ministerio del Trabajo, el Ministerio de Salud Pública, el Servicio de Rentas Internas, el Ministerio de Producción, Comercio Exterior, Inversiones y Pesca, el Servicio Nacional de Contratación Pública, la Empresa Coordinadora de Empresas Públicas, el Ministerio de Economía y Finanzas, el Consejo de Participación Ciudadana y Control Social, la Contraloría General del Estado, la Defensoría del Pueblo, la Secretaría Técnica del Comité de Coordinación de la Función de Transparencia y Control Social, la Asamblea Nacional, el Consejo de la Judicatura y al Municipio del Distrito Metropolitano de Quito. La OCDE también agradece a las organizaciones de la sociedad civil, el sector privado y la academia que aportaron ideas y perspectivas valiosas para la elaboración del informe, en particular a la Cámara de Comercio de Quito, la Cámara de la Industria de la Construcción, el Centro Segundo Montes Mozo, la Corporación Participación Ciudadana, la Fundación Ciudadanía y Desarrollo, la Fundación de Ayuda por Internet, la Fundación Diálogo Diverso, la Fundación Grupo Esquel, el Grupo FARO, el Instituto de Altos Estudios Nacionales y la Universidad Hemisferios. Por último, la Secretaría General de la Presidencia de la República - in particular Nicolas José Issa Wagner, Secretario General de la Presidencia, Ernesto Emilio Varas Valdéz, Subsecretario General de Gestión Gubernamental, María Fernanda Ordoñez Delgado, Subsecretaria de la Administración Pública, Nelson Sebastián Robelly Alarcón, Director de Gobierno Abierto, y el equipo técnico de la Dirección de Gobierno Abierto - amerita una mención especial por coordinar todas las actividades, incluso la misión de investigación virtual efectuada en diciembre de 2020 y los talleres virtuales organizados en marzo de 2021, cuando se presentaron las recomendaciones preliminares y se analizaron con representantes de las instituciones públicas, la sociedad civil, el sector privado y la academia.

Este informe también se benefició de la inestimable aportación de pares expertos de la OCDE, en particular, de Daniella Carizzo de la Dirección Nacional del Servicio Civil de Chile y de Gonzalo Guerrero Valle del Ministerio del Interior y Seguridad Pública de Chile.

Índice

Prólogo	3
Agradecimientos	4
Abreviaturas y acrónimos	7
Resumen ejecutivo	9
1 Introducción	13
2 Sentar las bases para un sistema nacional de integridad en Ecuador	19
Promover la cooperación estratégica entre todas las entidades nacionales responsables de la integridad	20
Crear una visión sobre la integridad y la lucha contra la corrupción en Ecuador	34
3 Fortalecer los arreglos institucionales para la integridad en la Función Ejecutiva del Ecuador	45
Establecer responsabilidades precisas para dirigir y aplicar la integridad en la Función Ejecutiva	46
Crear sistemas de integridad a nivel organizacional	52
4 Propuestas de acción para desarrollar sistemas de integridad en Ecuador	67
Referencias	70

GRÁFICOS

Gráfico 2.1. Perspectiva general de las cinco funciones del Estado en Ecuador	21
Gráfico 2.2. Objetivos relacionados con la integridad para el Plan Nacional de Desarrollo 2021-2025	36
Gráfico 2.3. Secuencia de las medidas recomendadas para crear un Sistema Nacional de Integridad y Lucha contra la Corrupción y formular una Estrategia Nacional de Integridad y Lucha contra la Corrupción	39

CUADROS

Cuadro 2.1. Funciones de integridad	20
Cuadro 2.2. Instituciones de la Función de Transparencia y Control Social del Ecuador	23
Cuadro 2.3. Sistemas de integridad pública en la región de ALC	29
Cuadro 2.4. Iniciativas coordinadas por la sociedad civil y el sector privado	33
Cuadro 3.1. Actores y labores de integridad que forman un sistema de integridad a nivel organizacional	52
Cuadro 3.2. Atribuciones de los miembros de los Comités de Ética	53
Cuadro 4.1. Resumen de las principales recomendaciones para sentar las bases de un sistema nacional de integridad	68
Cuadro 4.2. Resumen de las principales recomendaciones para fortalecer los arreglos institucionales en materia de integridad en la Función Ejecutiva	69

Siga las publicaciones de la OCDE en:

- http://twitter.com/OECD_Pubs
- http://www.facebook.com/OECDPublications
- http://www.linkedin.com/groups/OECD-Publications-4645871
- http://www.youtube.com/oecdilibrary
- http://www.oecd.org/oecddirect/

Abreviaturas y acrónimos

ALC	América Latina y el Caribe
AME	Asociación de Municipalidades Ecuatorianas
AN	Asamblea Nacional del Ecuador
APEC	Foro de Cooperación Asia Pacífico
BID	Banco Interamericano de Desarrollo
CAN	Comisión de Alto Nivel Anticorrupción (Perú)
CDE	Consejo de Defensa del Estado (Chile)
CELAC	Comunidad de Estados Latinoamericanos y Caribeños
CEPLAN	Centro Nacional de Planeamiento Estratégico (Perú)
CGE	Contraloría General del Estado (Ecuador)
CGR	Contraloría General de la República (Chile)
CHILECOMPRA	Dirección de Compra y Contratación Pública (Chile)
CMF	Comisión para el Mercado Financiero (Chile)
CNCLCC	Comisión Nacional Ciudadana para la Lucha contra la Corrupción (Colombia)
CNM	Comisión Nacional de Moralización (Colombia)
CNUCC	Convención de las Naciones Unidas contra la Corrupción
CONAGOPARE	Consejo Nacional de Gobiernos Parroquiales Rurales del Ecuador
CONGOPE	Consorcio de Gobiernos Autónomos Provinciales del Ecuador
CPLT	Consejo para la Transparencia (Chile)
ECU 911	Servicio Integrado de Seguridad (Ecuador)
GAD	Gobiernos Autónomos Descentralizados (Ecuador)
GEIRA	Grupo de Enlaces Interinstitucionales para la Recuperación de Activos (Ecuador)
ICAM	Instituto de Capacitación Municipal (Ecuador)
ICC	Cámara de Comercio Internacional (Ecuador)
INMOBILIAR	Secretaría Técnica de Gestión Inmobiliaria del Sector Público (Ecuador)
ISO	Organización Internacional de Normalización
JACU	Unidad Conjunta de Lucha contra la Corrupción (Reino Unido)
LOSEP	Ley Orgánica del Servicio Público (Ecuador)
MDMQ	Municipio del Distrito Metropolitano de Quito (Ecuador)
MESICIC	Mecanismo de Seguimiento de la Implementación de la Convención Interamericana contra la Corrupción

MINREL	Ministerio de Relaciones Exteriores (Chile)
MINSEGPRES	Comisión de Integridad Pública y Transparencia del Ministerio Secretaría General de la Presidencia (Chile)
NJS	Nivel Jerárquico Superior
OCDE	Organización para la Cooperación y el Desarrollo Económicos
ODS	Objetivos de Desarrollo Sostenible
OEA	Organización de Estados Americanos
OII	Oficinas de Integridad Institucional (Perú)
ONUDD	Oficina de las Naciones Unidas contra la Droga y el Delito
OSC	Organizaciones de la Sociedad Civil
PCM	Secretaría de Integridad Pública (Perú)
PENUD	Programa de las Naciones Unidas para el Desarrollo
SENPLADES	Secretaría Nacional de Planificación y Desarrollo (Ecuador)
SERCOP	Servicio Nacional de Contratación Pública (Ecuador)
ST	Secretaría de Transparencia (Colombia)
TIC	Tecnología de la Información y la Comunicación
UAF	Unidad de Análisis Financiero (Chile)
UAFE	Unidad de Análisis Financiero y Económico (Ecuador)
UATH	Unidad de Administración de Talento Humano (Ecuador)
UTA	Unidad de Transparencia y Anticorrupción (Paraguay)

Resumen ejecutivo

De forma similar a otros países de la región y del mundo, los ciudadanos del Ecuador consideran a la corrupción como uno de los desafíos más fundamentales del país, y su confianza en el gobierno ha disminuido a casi la mitad entre 2009 y 2018 según los resultados de las encuestas de Latinobarómetro. Promover la integridad en el sector público es una condición necesaria para reaccionar ante la corrupción y revertir esta disminución de la confianza. Sin embargo, en este momento, las responsabilidades institucionales para promover la integridad en Ecuador están fragmentadas y no están asignadas de forma clara. Además, no existen mecanismos para cooperar y definir metas y acciones comunes entre las instituciones, lo que genera una falta de estrategia y visión completa para abordar eficazmente la corrupción. En lugar de incluir en forma prioritaria un enfoque preventivo en todo el sector público, las políticas existentes se centran principalmente en sancionar la corrupción y no solucionan los problemas sistémicos subyacentes.

Principales hallazgos

En Ecuador, las responsabilidades de integridad se asignan a diferentes instituciones que pertenecen a los cinco poderes - o funciones - del Estado. Aunque existen algunos mecanismos de cooperación entre las instituciones dentro de un mismo poder y se han creado otros entre instituciones de diferentes funciones para la detección y sanción de casos, actualmente no hay acuerdos formales o informales que posibiliten una cooperación completa en materia de prevención de la corrupción, que reúnan a todas las instancias pertinentes y permitan un diálogo con la sociedad civil.

Ecuador definió algunos objetivos relacionados con la integridad en el Plan Nacional de Desarrollo 2017-2021 y formuló el Plan Nacional de Integridad Pública y Lucha contra la Corrupción 2019-2023. Sin embargo, ninguno de ellos ha acercado a Ecuador a un enfoque estratégico y completo para la integridad. El primero no ha podido lograr sus objetivos de integridad porque no se complementó con actividades de seguimiento continuas ni con la supervisión de su avance. Si bien es cierto que identifica algunas áreas clave para la integridad pública, el segundo carece de apropiación y compromiso fuera de la Función de Transparencia y Control Social, que fue la que elaboró el Plan. Por lo tanto, su utilización sigue siendo limitada, sobre todo por parte de la Función Ejecutiva.

El fragmentado contexto institucional también ha obstaculizado el desarrollo de un sistema de integridad dentro de la Función Ejecutiva, cuyo liderazgo para la agenda de integridad y lucha contra la corrupción se ha pasado de una secretaría a otra durante los últimos años. En fechas más recientes, la Secretaría Anticorrupción creada en 2019 se suprimió un año después sin ninguna entrega formal de sus competencias y atribuciones a alguna otra institución. Además de la falta de liderazgo institucional y de continuidad en la política de integridad pública, la labor de otras instancias claves en materia de integridad es subestimada, sobre todo la del Ministerio del Trabajo. De hecho, este ministerio tiene atribuciones sobre un amplio conjunto de áreas de política pública pertinentes, incluida la meritocracia, la profesionalización, el fortalecimiento de las capacidades, la cultura organizacional, la gestión del cambio, el control del servicio público, así como la detección y sanción de casos disciplinarios.

Adicionalmente, las leyes y políticas que apoyan la integridad pública a nivel organizacional, como la gestión de conflictos de interés, la presentación de denuncias o la gestión de riesgos de integridad, se han implementado de manera dispareja en la Función Ejecutiva y no siguen un enfoque preventivo que tenga por objeto crear culturas organizacionales de integridad.

Recomendaciones clave

Considerando la estructura institucional del país y la experiencia en otras áreas de política pública, Ecuador podría establecer un Sistema Nacional de Integridad y Lucha contra la Corrupción, dirigido por el Presidente de la República, que reúna a las instituciones pertinentes de todas las funciones del Estado y a las entidades desconcentradas. Este mecanismo debe posibilitar la cooperación continua y asegurar la apropiación de todos los actores en el diseño y aplicación de las políticas de integridad y lucha contra la corrupción. Al aprender de las experiencias pasadas, este sistema debe aprovechar una fase de diálogo entre todos los actores pertinentes, incluida la sociedad civil y el sector privado, lo que aseguraría su legitimidad, así como la apropiación y compromiso de todas las instituciones. Ecuador podría aprovechar la oportunidad para incluir la creación de dicho sistema como uno de los objetivos prioritarios en materia de integridad pública del Plan Nacional de Desarrollo 2021-2025.

El Plan Nacional de Desarrollo 2021-2025 también podría definir una hoja de ruta que culmine en una Estrategia Nacional de Integridad y Lucha contra la Corrupción para el período 2023-2026. Esta hoja de ruta podría incluir dos pasos secuenciados: el primero, redactar un Plan de Acción para poner en marcha algunas acciones prioritarias claves del actual Plan Nacional de Integridad Pública y Lucha contra la Corrupción 2019-2023; y segundo, formular una nueva Estrategia para el período 2023-2026 aplicando una metodología de co-creación participativa e incluyente. El Sistema Nacional de Integridad y Lucha contra la Corrupción recomendado debería dirigir estos esfuerzos para asegurar la participación, contribución y apropiación de todos los actores pertinentes en su diseño e implementación.

Además, Ecuador podría considerar la formulación de una política de Estado de largo plazo de integridad y anticorrupción para cumplir con las obligaciones constitucionales del Estado en la lucha contra la corrupción, así como contribuir al cumplimiento del Objetivo de Desarrollo Sostenible Número 16, y de otros compromisos internacionales en materia de integridad y lucha contra la corrupción. Esta política de largo plazo proporcionaría una visión de integridad pública para Ecuador y abordaría aún más los desafíos de institucionalización, continuidad y viabilidad de las actuales políticas de integridad y lucha contra la corrupción.

Por último, Ecuador podría definir responsabilidades de integridad explícitas dentro de la Función Ejecutiva aprovechando los papeles y fortalezas del actual contexto institucional. En primer lugar, la Secretaría General de la Presidencia de la República podría encargarse de dirigir y coordinar la agenda de integridad en toda la Función Ejecutiva y de asesorar al Presidente de la República en temas de integridad pública y prevención de la corrupción. Dado el papel destacado previsto para el Presidente como titular del Sistema Nacional de Integridad y Lucha contra la Corrupción, éste permitiría asegurar la coherencia entre la estrategia establecida a nivel nacional para todas las funciones del Estado y las iniciativas tomadas dentro de la Función Ejecutiva. El mandato de la Secretaría General de la Presidencia debería limitarse solo a la integridad y la prevención de la corrupción y no incluir ninguna tarea relacionada con la detección ni la investigación de posibles casos de corrupción.

Al mismo tiempo, Ecuador podría fortalecer la labor del Ministerio del Trabajo asignándole un mandato explícito para promover, apoyar e incluir en forma prioritaria una cultura de integridad pública en todas las instituciones y entidades públicas de la Función Ejecutiva. De hecho, el Ministerio del Trabajo coordina las unidades de administración del talento humano, así como las unidades de cambio y cultura organizacional de todas las entidades públicas. Ese Ministerio gestiona también las políticas relacionadas con la integridad, como el código de ética, el conflicto de interés, la cultura organizacional, la gestión del cambio, la capacitación además de la detección y sanción de casos disciplinarios. En este contexto, las unidades de cambio y cultura organizacional, cuyas funciones incluyen mejorar la cultura organizacional a nivel de las entidades, podrían dirigir la promoción de una cultura de integridad en coordinación y coherencia con el trabajo de los Comités de Ética y Anticorrupción existentes, que podrían seguir centrándose en detectar y evaluar las infracciones de integridad.

1 Introducción

Este capítulo es una introducción al informe. Destaca la creciente percepción y repercusiones de la corrupción entre los ciudadanos de Ecuador, así como su impacto en el grado de confianza hacia el gobierno. El capítulo también expone las funciones de la OCDE y cómo esta puede apoyar a Ecuador a desarrollar una respuesta viable a la corrupción mediante sus estándares en materia de integridad y su amplia experiencia regional.

Ecuador, al igual que otros países de la región de América Latina y el Caribe (ALC), experimenta una creciente desconexión entre los ciudadanos y las instituciones públicas, que también se debe al alto nivel de corrupción que percibe la ciudadanía, además de la insatisfacción con estas instituciones (OCDE, 2019[1]; OCDE et al., 2019[2]). Los resultados de la encuesta de 2018 del Latinobarómetro muestran que el grado de confianza en los gobiernos de la región disminuyó a la mitad en los últimos diez años, además evidencia que en Ecuador el porcentaje (25%) es sensiblemente menor de lo registrado en el 2009 (46.5%) y es apenas superior al promedio regional (22%). Al mismo tiempo, destaca que el 8% de los ecuatorianos perciben a la corrupción como el problema más importante del país, y más de la mitad de ellos consideran que el nivel de corrupción aumentó en comparación con el año anterior. Al indagar sobre las experiencias directas de corrupción en los servicios públicos y en la percepción sobre el alcance de la corrupción, el Barómetro Global de la Corrupción 2018 muestra conclusiones similares; informa que el 44% de los ecuatorianos entrevistados declararon haber pagado un soborno para acceder a los servicios básicos. Estas conclusiones son compatibles con las del Barómetro de las Américas, el cual muestra que, en 2019, el 26.6 % de los encuestados informaron haber sido víctimas de un acto de corrupción y denunciaron la creciente tolerancia a la corrupción —sobre todo entre las generaciones jóvenes—, mientras que el 25 % de los ecuatorianos justificó pagar un soborno en ciertas circunstancias, lo que señala un incremento del 12 % en comparación con 2014 (Moncagatta et al., 2020[3]; OCDE, de próxima publicación[4]). La corrupción sigue siendo una de las mayores preocupaciones entre los ciudadanos ecuatorianos incluso durante la pandemia del COVID-19. Un sondeo realizado en diciembre de 2020 destacó que los ciudadanos la consideran como el tercer desafío más importante del país, por encima de las preocupaciones por controlar el COVID-19 pero después de la pobreza y el desempleo, que la corrupción contribuye a agravar (CEDATOS, 2020[5]).

En Ecuador, a la par del enfoque asumido por otros países de la región, los esfuerzos para combatir la corrupción se han centrado en las investigaciones y sanciones. Si bien son cruciales para evitar la impunidad y garantizar el estado de derecho, no han demostrado ser lo suficientemente eficaces para controlar la corrupción. De hecho, la experiencia de la OCDE muestra que una respuesta estratégica y viable a la corrupción debe basarse en la integridad pública, que se refiere a la "alineación consistente con, y el cumplimiento de los valores, principios y normas éticas compartidas para mantener y dar prioridad a los intereses públicos, por encima de los intereses privados, en el sector público" (OCDE, 2017[6]). Esto implica que los servidores públicos no solo cumplan con los mínimos exigidos por la ley, sino que se comporten conforme a los valores y normas de conducta inspirados en la importancia del interés público. A su vez, la integridad pública crea confianza en los ciudadanos y las empresas de que viven y trabajan en un contexto con igualdad de condiciones, donde la meritocracia y el esfuerzo determinan las oportunidades, más que las conexiones o el soborno. Por lo tanto, garantizar que los valores y normas de conducta en el sector público se apliquen de manera eficaz es una condición necesaria para revertir la disminución de la confianza en el gobierno, haciendo que la integridad sea uno de los recursos fundamentales para infundir confianza (Murtin et al., 2018[7]). Al contrario, la pérdida de confianza socava la legitimidad de los gobiernos y su capacidad para financiar y prestar servicios públicos de buena calidad, lo que crea un círculo vicioso que afecta aún más la satisfacción de los ciudadanos, erosiona el contrato social y debilita la productividad y el crecimiento económico sostenible.

La OCDE proporciona una visión estratégica de la integridad pública, que se aparta de las políticas de integridad *ad hoc* para priorizar un enfoque que tome en cuenta el contexto, se base en el comportamiento y en los riesgos, y destaque la importancia de cultivar una cultura de integridad en toda la sociedad y el gobierno. Para tal efecto, basándose en la experiencia de los Estados miembros de la OCDE y en la investigación, adoptó la *Recomendación de la OCDE sobre Integridad Pública*, compuesta por trece principios organizados en tres pilares (Recuadro 1.1). El primer pilar se centra en cómo construir un sistema coherente y completo de integridad pública, que exige el compromiso de los servidores públicos de alto rango, pero también que se estipulen responsabilidades precisas y se adopte un enfoque estratégico. El segundo pilar promueve el desarrollo de una cultura de integridad pública, que incluye el fortalecimiento de las capacidades, procesos de administración del talento humano que se rijan por los méritos, esfuerzos para una cultura organizacional abierta y una perspectiva de integridad pública en toda la sociedad. Por último, el tercer pilar de la *Recomendación* pide que se establezcan mecanismos de rendición de cuentas mediante la gestión de riesgos, la auditoría interna y externa, la aplicación de sanciones disciplinarias y penales, así como la participación ciudadana y la integridad en los procesos de toma de decisiones. Además de la *Recomendación sobre Integridad Pública*, la OCDE ha adoptado los siguientes instrumentos jurídicos para mejorar la integridad y prevenir la corrupción:

- *Recomendación de la OCDE sobre directrices para gestionar conflictos de interés en el sector público* (OCDE, 2004[8]).
- *Recomendación del Consejo sobre los principios para la transparencia y la integridad en los grupos de presión* (OCDE, 2010[9]).

Recuadro 1.1. Los pilares y componentes de la *Recomendación de la OCDE sobre Integridad Pública*

I. CONSTRUIR UN SISTEMA DE INTEGRIDAD PÚBLICA COHERENTE Y COMPLETO

1. Demostrar su compromiso en los más altos niveles políticos y de gestión dentro del sector público y reforzar la integridad pública, reduciendo la corrupción.
2. Clarificar las responsabilidades institucionales en el sector público para fortalecer la eficacia del sistema de integridad pública.
3. Desarrollar un enfoque estratégico para el sector público que se base en datos empíricos y que tenga por objeto atenuar los riesgos en materia de integridad pública.
4. Fijar normas de conducta estrictas para los servidores públicos.

II. CULTIVAR UNA CULTURA DE INTEGRIDAD PÚBLICA

5. Promover una cultura de integridad pública que abarque al conjunto de la sociedad colaborando con el sector privado, la sociedad civil y los ciudadanos.
6. Invertir en liderazgo íntegro con el fin de demostrar el compromiso de una entidad del sector público con la integridad.
7. Promover un sector público profesional basado en la meritocracia, consagrado a los valores y a la buena gobernanza del servicio público.
8. Ofrecer a los servidores públicos la información, formación, orientación y asesoramiento oportunos para que puedan aplicar las normas de integridad pública en el lugar de trabajo.
9. Favorecer una cultura organizativa de la transparencia dentro del sector público que responda a las preocupaciones relacionadas con la integridad.

III. POSIBILITAR UNA RENDICIÓN DE CUENTAS EFICAZ

10. Implementar un marco de control y gestión de riesgos que salvaguarde la integridad en las entidades del sector público.
11. Garantizar que los mecanismos de aplicación de sanciones ofrezcan respuestas apropiadas a todas las sospechas de infracciones de las normas de integridad pública por parte de servidores públicos y de todas las demás personas o entidades implicadas en las infracciones.
12. Reforzar el papel de la supervisión y el control externos en el sistema de integridad del sector público.
13. Fomentar la transparencia y la participación de las partes interesadas en todas las fases del proceso político y del ciclo de elaboración de políticas públicas con el objeto de promover la rendición de cuentas y el interés general.

Fuente: OCDE (2017[6]), *Recomendación de la OCDE sobre Integridad Pública*, OCDE, París, https://www.oecd.org/gov/ethics/recomendacion-sobre-integridad-es.pdf.

Este Informe se centra en el primer pilar de la *Recomendación de la OCDE sobre Integridad Pública* y analiza la estructura institucional general de las principales instancias de integridad en el Ecuador, considerando sus mandatos legales, capacidades, su papel y atribuciones en la formulación de políticas de integridad, su aplicación y permitiendo la rendición de cuentas. La segunda sección aborda en qué medida las instancias pertinentes del nivel nacional han establecido mecanismos de cooperación eficaces y un enfoque estratégico para la integridad pública. La tercera sección se centra en los arreglos institucionales y responsabilidades en materia de integridad en la Función Ejecutiva, y en cómo permiten la implementación de las políticas de integridad a nivel de las entidades. Para concluir, la última sección propone un plan de acción que incluye todas las recomendaciones del informe y especifica la(s) entidad(es) responsable(s) de su ejecución.

El objetivo del informe es apoyar a Ecuador a sentar las bases institucionales para que establezca sistemas de integridad a nivel nacional, así como dentro de la Función Ejecutiva y en sus entidades. Adicionalmente; ofrece las bases para una revisión más exhaustiva de áreas específicas de política pública que se presentan en el informe, y que podrían beneficiarse de análisis y recomendaciones adicionales.

El informe aprovecha el marco analítico de la *Recomendación de la OCDE sobre Integridad Pública* y se sustenta en las buenas prácticas internacionales, sobre todo de países con una estructura institucional y jurídica similar en la región de América Latina y el Caribe (ALC), con los que la OCDE ha trabajado estrechamente mediante otros estudios y la Red de Integridad Pública para América Latina y el Caribe OCDE-BID (Recuadro 1.2) Además, se beneficia de la vasta información, datos y retroalimentación proporcionada por casi 30 instancias nacionales, entre las que cabe mencionar a instituciones y entidades públicas, academia, organizaciones de la sociedad civil y sector privado mediante un cuestionario (octubre 2020), entrevistas virtuales realizadas durante la misión investigadora (diciembre 2020-enero 2021) y talleres de validación (marzo 2021).

Recuadro 1.2. Trabajo sobre integridad de la OCDE y red en la Región de América Latina y el Caribe

Estudios de la OCDE sobre integridad

La OCDE ha realizado los siguientes Estudios sobre Integridad en la región de América Latina y el Caribe, tanto a nivel nacional como desconcentrado.

- Argentina (2019)
- Ciudad de México (2019)
- Nuevo León, México (2018)
- Colombia (2017)
- Coahuila, México (2017)
- México (2017)
- Perú (2017)
- Brasil (2012)

Red de la OECD y el BID para la integridad en América Latina y el Caribe

La Red de Integridad Pública para América Latina y el Caribe OCDE-BID, creada en 2017, agrupa a las principales instancias responsables de los sistemas de integridad en los países de la región. Incluye a los organismos exclusivamente dedicados a las políticas de integridad, pero también a las instancias responsables de la transparencia gubernamental, la administración pública y el control interno. La Red se propone dirigir debates de políticas públicas para intercambiar las mejores buenas prácticas y las lecciones aprendidas al aplicar las políticas de integridad a nivel regional e internacional. La última reunión se celebró en forma virtual en septiembre de 2020 y se centró en el tema "Integridad y transparencia en los proyectos de infraestructura en tiempos del COVID-19".

Fuente: OCDE (s.f.[10]), "La Integridad Pública en América Latina y el Caribe OCDE, París, https://www.oecd.org/governance/integridad/integridad-lac/ (consultado el 12 de abril de 2021).

La OCDE es una organización internacional integrada por 38 Estados miembros que trabaja para promover políticas que fomenten la prosperidad, la igualdad, las oportunidades y el bienestar para todos. Junto con los gobiernos, los responsables de la formulación de políticas y los ciudadanos, trabaja para establecer normas internacionales basadas en pruebas y encontrar soluciones a diversos problemas de gobernanza, sociales, económicos y ambientales. Ofrece un foro único y un centro de conocimientos para datos y análisis, intercambio de experiencias, compartir las mejores prácticas, asesorar en políticas públicas y establecer normas internacionales (Recuadro 1.3).

Recuadro 1.3. La función normativa y de apoyo a políticas públicas de la OCDE

- Las normas de la OCDE son elaboradas por comités de expertos y se formulan mediante un riguroso proceso basado en evidencia que aprovecha las mejores prácticas y políticas e involucra a múltiples partes interesadas.
- Las normas de la OCDE ayudan a establecer igualdad de condiciones en el mundo, aumentar la cooperación técnica internacional e implementar objetivos de política pública comunes para mejorar el bienestar de los ciudadanos. Las normas generan ahorros en eficiencia a los gobiernos y garantizan que las políticas beneficien a los ciudadanos.
- La OCDE ha diseñado más de 450 instrumentos jurídicos (Acuerdos Internacionales, Decisiones, Recomendaciones, Declaraciones); actualmente, más de 250 están en vigor, algunos relacionados con múltiples áreas sectoriales.
- Las normas de la OCDE tienen un alcance verdaderamente mundial. Por ejemplo, el Foro Mundial sobre Transparencia e Intercambio de Información Fiscal tiene 161 miembros (incluidos 88 países en desarrollo) que trabajan juntos para implementar normas de transparencia fiscal.
- Basándose en normas y análisis que se sustentan en evidencia, la OCDE apoya a distintos países en sus objetivos de reforma de políticas públicas.

Fuente: OCDE (s.f.[11]), "Acerca de la OCDE", https://www.oecd.org/acerca/ (consultado el 12 de abril de 2021).

2 Sentar las bases para un sistema nacional de integridad en Ecuador

Este capítulo describe las responsabilidades de las principales instancias nacionales con funciones relacionadas con la integridad en Ecuador, que se asignan a diferentes funciones del Estado. Ilustra los mecanismos de cooperación instituidos entre ellos y cómo la creación de un Sistema Nacional de Integridad y Lucha contra la Corrupción podría abordar sus límites y propiciar el diálogo nacional y la cooperación entre las funciones del Estado y los niveles de la administración en materia de integridad pública. El capítulo también analiza los objetivos de integridad, formulados en el Plan Nacional de Desarrollo 2017-2021 y en el Plan Nacional de Integridad Pública y Lucha contra la Corrupción 2019-2023, pero que no han generado el efecto esperado. Por lo tanto, considera cómo desarrollar, de manera participativa y gradual, un enfoque estratégico que sea dirigido por el Sistema Nacional de Integridad y Lucha contra la Corrupción y que genere una visión de integridad de largo plazo para Ecuador.

Promover la cooperación estratégica entre todas las entidades nacionales responsables de la integridad

Las responsabilidades institucionales en materia de integridad pública se asignan a distintas entidades en los cinco poderes del Estado

Un sistema de integridad ya sea a nivel de país (nacional y desconcentrado) u organizacional, incluye diferentes instancias responsables de definir, apoyar, controlar y hacer cumplir la integridad pública. Si bien los arreglos institucionales para definir y asignar esas responsabilidades dependen de la estructura institucional y jurisdiccional de un país, un conjunto de funciones debe ser parte de un sistema de integridad, según la *Recomendación de la OCDE sobre integridad Pública* (Cuadro 2.1).

Cuadro 2.1. Funciones de integridad

Sistema	Cultura	Rendición de Cuenta
• Asignar responsabilidades explícitas. • Garantizar mecanismos para apoyar la cooperación vertical y horizontal. • Diseñar y aplicar la estrategia o las estrategias de integridad. • Supervisar y evaluar la estrategia o las estrategias de integridad. • Establecer normas de integridad.	• Incluir la integridad en la administración del talento humano (por ejemplo, evaluar la equidad de los sistemas de ascensos y remuneración) y en la gestión de personal (por ejemplo, la integridad como criterio de selección, evaluación y ascenso profesional). • Fortalecer las capacidades y crear conciencia entre los servidores públicos. • Proporcionar asesoría y orientación. • Implementar medidas para favorecer una cultura organizativa de la transparencia. • Abrir canales y establecer mecanismos de denuncia y protección de denunciantes. • Crear conciencia en la sociedad sobre la integridad. • Dirigir programas de educación cívica. • Implementar medidas para apoyar la integridad en las empresas. • Implementar medidas para apoyar la integridad en las organizaciones de la sociedad civil.	• Evaluar y gestionar los riesgos de integridad. • Aplicar la auditoría interna. • Implementar los mecanismos de aplicación de sanciones. • Usar la auditoría y supervisión independientes. • Usar el acceso a la información e implementar medidas de gobierno abierto. • Comprometer a las partes interesadas a lo largo del ciclo de vida de las políticas públicas. • Prevenir y gestionar los conflictos de interés. • Implementar medidas de integridad para el cabildeo. • Implementar medidas de integridad en el financiamiento de los partidos políticos y de las campañas electorales.

Fuente: OCDE (2020[12]), *Manual de la OCDE sobre Integridad Pública*, OECD Publishing, París, https://doi.org/10.1787/8a2fac21-es.

En Ecuador, estas responsabilidades se asignan a diferentes instituciones que pertenecen a los cinco poderes del Estado, también llamadas funciones, a saber, Ejecutivo, Legislativo, Judicial, Electoral, y la de Transparencia y Control Social, conforme a la división de poderes estipulada en la Constitución nacional (Constitución de la República del Ecuador). El Presidente de la República es el jefe de Estado y el responsable de todo el sector público (Gráfico 2.1).

Gráfico 2.1. Perspectiva general de las cinco funciones del Estado en Ecuador

Presidente de la República
- El Presidente de la República es el jefe de Estado y del gobierno, ejerce las funciones del Poder Ejecutivo.
- El Presidente también es responsable de la administración pública que está compuesta por:
  - Los organismos y dependencias de las funciones Ejecutiva, Legislativa, Judicial, Electoral y Transparencia y Control Social.
  - Las entidades que conforman el régimen autónomo descentralizado.
  - Las instituciones y entidades creadas por la Constitución o la ley para ejercer la autoridad del Estado, para la prestación de servicios públicos o para desarrollar las actividades económicas que emprenda el Estado.
  - Las personas jurídicas creadas por Acto Normativo de los gobiernos autónomos descentralizados para la prestación de servicios públicos.

Función Legislativa	Función Ejecutiva	Función Judicial y Justicia Indígena	Función de Transparencia y Control Social	Función Electoral
• La Función Legislativa del gobierno es ejercida por la Asamblea Nacional, que está integrada por asambleístas elegidos para un mandato de cuatro años. • La Asamblea Nacional es un parlamento unicameral, con una sola cámara de diputados, y tiene su sede en Quito.	• El presidente de la República ejerce las funciones del poder ejecutivo del gobierno, es el Jefe de Estado y de Gobierno y es responsable de la administración pública. • La Función Ejecutiva está conformada por la Presidencia y Vicepresidencia de la República, los Ministerios de Estado y demás organizaciones e instituciones necesarias para cumplir —en el marco de su competencia— con las atribuciones de dirección, planeación, ejecución y evaluación de las políticas públicas nacionales y los planes que se creen para su aplicación.	• La Función Judicial está conformada por órganos jurisdiccionales, órganos administrativos, órganos auxiliares y órganos autónomos. • Los órganos jurisdiccionales son: 1. La Corte Nacional de Justicia; 2. Las cortes provinciales de justicia; 3. Las cortes y tribunales previstos por la ley; 4. Los juzgados de paz. • El Consejo de la Judicatura es el órgano de gobierno, administración, vigilancia y disciplina de la Función Judicial. • La Defensoría Pública y la Fiscalía General del Estado son los órganos autónomos de la Función Judicial.	• La Función de Transparencia y Control Social del gobierno debe promover e impulsar el control de las entidades y organismos del sector público y de las personas naturales y jurídicas del sector privado que presten servicios o efectúen actividades para el bienestar general, para que los realicen con responsabilidad, transparencia y equidad; fomentará y alentará la participación ciudadana; protegerá el ejercicio y cumplimiento de los derechos y prevendrá y combatirá la corrupción. • La Función de Transparencia y Control Social estará conformada por el Consejo de Participación Ciudadana y Control Social, la Defensoría del Pueblo, la Contraloría General y las Superintendencias. Estas entidades deben tener personalidad jurídica y autonomía administrativa, financiera, presupuestaria y organizativa.	• La Función Electoral del gobierno debe garantizar el ejercicio de los derechos políticos expresados en el voto, así como los referidos a la organización política de la ciudadanía. • La Función Electoral estará conformada por el Consejo Nacional Electoral y el Tribunal Contencioso Electoral. Ambos órganos tendrán su sede en Quito y gozarán de jurisdicción nacional, autonomía administrativa, financiera y organizativa, así como propia personalidad jurídica. Se regirán por los principios de autonomía, independencia, publicidad, transparencia, equidad, interculturalismo, igualdad de género, celeridad y rectitud.

Fuente: Asamblea Nacional de la República del Ecuador (2008[13]), Constitución de la República del Ecuador, https://www.asambleanacional.gob.ec/sites/default/files/documents/old/constitucion_de_bolsillo.pdf (consultado el 12 de abril de 2021).

Función Ejecutiva

En el poder ejecutivo, se ha asignado la función de integridad y anticorrupción a distintos organismos especializados en la lucha contra la corrupción que se han sucedido uno a otro en los últimos años (Recuadro 3.1). En fechas más recientes, 2019, se creó la Secretaría Anticorrupción mediante el Decreto Ejecutivo No. 665 del 6 de febrero de 2019, estipulando las siguientes atribuciones:

- Proponer directrices para la generación de políticas públicas y acciones que faciliten la denuncia de los actos de corrupción de alto impacto cometidos en la administración pública.
- Realizar el seguimiento de las acciones en contra de los actos de corrupción cometidos en la administración pública.
- Transversalizar la implementación de la política pública de lucha contra la corrupción con las entidades del Gobierno Central y sus dependencias.
- Coordinar la cooperación entre las instituciones de gobierno, organismos de control, entidades judiciales y todos aquellos involucrados en la investigación, juzgamiento y sanción de los actos de corrupción respetando la división de poderes.
- Aprobar instrumentos para la sistematización y entrega de insumos o documentación oficial a los organismos competentes mediante una ruta correspondiente para la lucha anticorrupción.
- Articular con la Cancillería la implementación de los acuerdos internacionales existentes que hayan sido adquiridos por Ecuador a favor de la lucha contra la corrupción.
- Proponer al Presidente de la República iniciativas de lucha contra la corrupción.

La Secretaría Anticorrupción fue suprimida en virtud del Decreto Ejecutivo No. 1065 del 21 de mayo de 2020, y aunque oficialmente ninguna entidad la ha reemplazado en sus funciones, la Secretaría General de la Presidencia ha promovido iniciativas de integridad pública como parte de su labor en temas de gobierno abierto.

Junto a la Presidencia, el Ministerio del Trabajo tiene competencias clave en el sistema de integridad de Ecuador ya que es responsable de las políticas de empleo y administración del talento humano en el sector público, incluida la contratación, ascensos, fortalecimiento de las capacidades y aspectos disciplinarios.

Desde una perspectiva de la integridad pública que abarque al conjunto de la sociedad, otra instancia fundamental es el Ministerio de Educación, que garantiza el acceso y la calidad de la educación primaria y secundaria y podría asumir un papel mayor en el sistema de integridad pública de Ecuador creando conciencia sobre la integridad pública y promoviendo valores y conocimientos sobre el ejercicio de la ciudadanía en el país.

Otra institución pertinente dentro del Ejecutivo es la Unidad de Análisis Financiero y Económico (UAFE), una entidad técnica autónoma del Ministerio de Economía y Finanzas, responsable de recopilar información, presentar informes, además de aplicar políticas y estrategias nacionales para la prevención e identificación del lavado de dinero y el financiamiento de delitos.

Función de Transparencia y Control Social

La Constitución encomienda a la Función de Transparencia y Control Social promover e impulsar el control de las entidades y organismos del sector público y de las personas naturales y jurídicas del sector privado que presten servicios o efectúen actividades de interés público, para que las realicen con responsabilidad, transparencia y equidad. Su mandato también incluye promover y alentar la participación ciudadana, proteger el ejercicio y cumplimiento de los derechos, así como prevenir y combatir la corrupción. Sus atribuciones más importantes son:

- Formular políticas públicas de transparencia, control, rendición de cuentas, promoción de la participación ciudadana y la prevención y lucha contra la corrupción.
- Coordinar el plan de acción de las entidades de la Función de Transparencia y Control Social, sin afectar la autonomía de las mismas.
- Articular la formulación del plan nacional de lucha contra la corrupción.
- Presentar a la Asamblea Nacional propuestas de reformas legales en el ámbito de sus competencias.
- Informar anualmente a la Asamblea Nacional las actividades relacionadas con el cumplimiento de sus funciones, o cuando ésta lo solicite.

La Función de Transparencia y Control Social está conformada por instituciones a las que la Constitución asigna deberes y atribuciones pertinentes para el sistema de integridad pública de Ecuador. A saber, el Consejo de Participación Ciudadana y Control Social, la Defensoría del Pueblo, la Contraloría General del Estado y las Superintendencias (Cuadro 2.2).

Cuadro 2.2. Instituciones de la Función de Transparencia y Control Social del Ecuador

Institución	Mandato y principales atribuciones

Consejo de Participación Ciudadana y Control Social	• Promueve y fomenta el ejercicio de los derechos relativos a la participación ciudadana, impulsa y establece mecanismos de control social en los asuntos de interés público, y designa a las autoridades que le corresponda de acuerdo con la Constitución y la ley. El Consejo está integrado por siete consejeros principales y siete suplentes.
	• Tiene los siguientes deberes y atribuciones:
	  ○ Promover la participación ciudadana, estimular procesos de deliberación pública y propiciar la formación en ciudadanía, valores, transparencia y lucha contra la corrupción.
	  ○ Establecer mecanismos de rendición de cuentas de las instituciones y entidades del sector público, y coadyuvar procesos de veeduría ciudadana y control social.
	  ○ Instar a las demás entidades de la Función para que actúen de forma obligatoria sobre los asuntos que ameriten intervención a criterio del Consejo.
	  ○ Investigar denuncias sobre actos u omisiones que afecten a la participación ciudadana o generen corrupción.
	  ○ Emitir informes que determinen la existencia de indicios de responsabilidad, formular las recomendaciones necesarias e impulsar las acciones legales que correspondan.
	  ○ Actuar como parte procesal en las causas que se instauren como consecuencia de sus investigaciones. Cuando en sentencia se determine que en la comisión del delito existió apropiación indebida de recursos, la autoridad competente procederá al decomiso de los bienes del patrimonio personal del sentenciado.
	  ○ Coadyuvar a la protección de las personas que denuncien actos de corrupción.
	  ○ Solicitar a cualquier entidad o funcionario de las instituciones del Estado la información que considere necesaria para sus investigaciones o procesos. Las personas e instituciones colaborarán con el Consejo y quienes se nieguen a hacerlo serán sancionados de acuerdo con la ley.
	  ○ Organizar el proceso y vigilar la transparencia en la ejecución de los actos de las comisiones ciudadanas de selección de autoridades estatales.
	  ○ Designar a la primera autoridad de la Procuraduría General del Estado y de las superintendencias de entre las ternas propuestas por la Presidenta o Presidente de la República, luego del proceso de impugnación y veeduría ciudadana correspondiente.
	  ○ Designar a la primera autoridad de la Defensoría del Pueblo, Defensoría Pública, Fiscalía General del Estado y Contraloría General del Estado, luego de agotar el proceso de selección correspondiente.
	  ○ Designar a los miembros del Consejo Nacional Electoral, Tribunal Contencioso Electoral y Consejo de la Judicatura, luego de agotar el proceso de selección correspondiente.

Contraloría General del Estado	• Es un organismo técnico encargado del control de la utilización de los recursos estatales, y la consecución de los objetivos de las instituciones del Estado y de las personas jurídicas de derecho privado que dispongan de recursos públicos.
	• Sus funciones incluyen:
	  ○ Dirigir el sistema de control administrativo que se compone de auditoría interna, auditoría externa y del control interno de las entidades del sector público y de las entidades privadas que dispongan de recursos públicos.
	  ○ Determinar responsabilidades administrativas y civiles culposas e indicios de responsabilidad penal, relacionadas con los aspectos y gestiones sujetas a su control, sin perjuicio de las funciones que en esta materia sean propias de la Fiscalía General del Estado.
	  ○ Expedir la normativa para el cumplimiento de sus funciones.
	  ○ Asesorar a los órganos y entidades del Estado cuando se le solicite.

Superintendencias	• Son organismos técnicos de vigilancia, auditoría, intervención y control de las actividades económicas, sociales y ambientales, y de los servicios que prestan las entidades públicas y privadas, con el propósito de que estas actividades y servicios se sujeten al ordenamiento jurídico y atiendan al interés general.
1. de Compañías, Valores y Seguros	• Realiza la vigilancia, auditoría, intervención, control y supervisión del mercado de valores, el régimen de seguros y de las personas jurídicas de derecho privado no financieras.
2. de Bancos	• Realiza la vigilancia, auditoría, intervención, control y supervisión de las actividades financieras efectuadas por las entidades públicas y privadas del Sistema Financiero Nacional.
3. de Economía Popular y Solidaria	• Supervisa y controla las organizaciones de la Economía Popular y Solidaria en busca de su estabilidad y funcionamiento correcto para el bienestar de sus miembros y de la comunidad en general.
4. de Control de Poder del Mercado	• Controla y vigila el correcto funcionamiento del mercado mediante la prevención, corrección, eliminación y/o sanción del abuso de operadores económicos con poder de mercado; (…) promoviendo la competencia, eficiencia y transparencia del mercado y el comercio justo con la participación activa de la ciudadanía. •

	Institución	Mandato y principales atribuciones
5.	de Ordenamiento Territorial, Uso y Gestión del Suelo	• Vigila y controla los procesos de ordenamiento territorial de todos los niveles de gobierno, y del uso y gestión del suelo, hábitat, asentamientos humanos y desarrollo urbano.
6.	de Información y Comunicación	• Garantiza el acceso y ejercicio de los derechos de las personas a recibir información veraz, objetiva, oportuna, plural, contextualizada; y a una comunicación libre, intercultural, incluyente, diversa y participativa en todas las áreas, mediante la vigilancia, auditoría, intervención y control del cumplimiento de la normativa.
	Defensoría del Pueblo	• Tiene la obligación de proteger y tutelar los derechos de los ciudadanos. Para tal efecto, sus atribuciones son: o El patrocinio, de oficio o a petición de parte, de las acciones de protección, hábeas corpus, acceso a la información pública, hábeas data, incumplimiento, acción ciudadana y los reclamos por mala calidad o indebida prestación de los servicios públicos o privados. o Emitir medidas de cumplimiento obligatorio e inmediato en materia de protección de los derechos, y solicitar juzgamiento y sanción ante la autoridad competente, por sus incumplimientos. o Investigar y resolver, en el marco de sus atribuciones, sobre acciones u omisiones de personas naturales o jurídicas que presten servicios públicos. o Ejercer y promover la vigilancia del debido proceso, y prevenir, e impedir de inmediato la tortura, el trato cruel, inhumano y degradante en todas sus formas.

Fuente: Asamblea Nacional de la República del Ecuador (2008[13]), Constitución de la República del Ecuador, https://www.asambleanacional.gob.ec/sites/default/files/documents/old/constitucion_de_bolsillo.pdf (consultado el 12 de abril de 2021).

Función Legislativa

En la función legislativa, las obligaciones de la Asamblea Nacional incluyen supervisar los actos de las funciones Ejecutiva, Electoral, y Transparencia y Control Social, y de los demás órganos del poder público, además de solicitar a los servidores públicos la información que considere necesaria.

Función Judicial

Dentro del Poder Judicial, cuyo ente rector es el Consejo de la Judicatura, la Fiscalía General del Estado dirige las investigaciones preliminares y el proceso penal, presentando demandas y sustentándolas ante los jueces. La Fiscalía cuenta con dos unidades especializadas que se ocupan de los delitos relacionados con la corrupción:

- La Unidad de Transparencia y Lucha contra la Corrupción, que dirige la investigación penal de los actos de corrupción y de los que socavan la transparencia en la vida pública.
- La Unidad de Administración Pública, que investiga los delitos de peculado, cohecho, enriquecimiento ilícito y extorsión.

Función Electoral

Por último, la Función Electoral tiene atribuciones cruciales en materia de transparencia e integridad de los procesos electorales y el financiamiento político. En primer lugar, el Consejo Nacional Electoral, cuyas funciones incluyen organizar, dirigir, vigilar y garantizar de manera transparente los procesos electorales; controlar la propaganda y el gasto electorales, incluso los presupuestos presentados por los candidatos y organizaciones políticas; garantizar la transparencia y legalidad de los procesos electorales internos de las organizaciones políticas. Los recursos interpuestos contra los actos del Consejo Nacional Electoral son resueltos por el Tribunal Contencioso Electoral, que también puede imponer sanciones por incumplimiento de la normativa sobre financiamiento, propaganda, gasto electoral y, en general, por vulneraciones de normas electorales.

Los arreglos institucionales actuales no permiten una cooperación eficaz entre las instituciones responsables de las políticas de integridad a nivel nacional y en todos los niveles del Estado

Para garantizar que las distintas instancias que forman un sistema de integridad trabajen en aras de objetivos comunes, aprovechando las sinergias y evitando las lagunas o duplicaciones parciales, es indispensable establecer la cooperación entre ellas. Este es el caso tanto entre las instancias a nivel central como entre los niveles de gobierno. En este sentido, la *Recomendación de la OCDE sobre Integridad Pública* pide a los países "promover mecanismos para la cooperación horizontal y vertical entre los servidores, entidades y organismos públicos y, siempre que sea posible, con y entre niveles desconcentrados de la administración, valiéndose de medios formales e informales, para favorecer la coherencia y evitar duplicidades y lagunas, y para compartir y beneficiarse de las lecciones aprendidas derivadas de las buenas prácticas" (OCDE, 2017[6]).

Aunque se han instituido algunos mecanismos de cooperación en materia de integridad con respecto a la detección y sanción de casos o entre instituciones de una misma función del Estado, Ecuador no tiene arreglos institucionales formales ni informales sobre integridad pública que agrupen —de manera completa e integral— a las instancias pertinentes de todos los poderes del Estado.

Iniciativas entre las Funciones del Estado

En el pasado hubo tentativas de coordinación, pero no lograron institucionalizarse. La Mesa Interinstitucional para Combatir la Corrupción, promovida por el Presidente de la República en 2018, agrupó a representantes de todos los poderes del Estado, pero no generó ninguna iniciativa específica. Anteriormente, se creó el Frente de Transparencia y Lucha contra la Corrupción, integrado por representantes de la función ejecutiva y de la sociedad civil, en virtud del Decreto No. 21 del 5 de junio de 2017, para proponerle al Presidente estrategias y mecanismos de prevención de la corrupción tanto en el sector público como en el privado, así como políticas y reglamentos para la transparencia y la lucha contra la corrupción. El Frente elaboró un informe con recomendaciones, entre las que se subrayó la necesidad de fortalecer los mecanismos de coordinación mediante la creación de un Sistema Nacional de Coordinación y Control (Recuadro 2.1). Sin embargo, esas recomendaciones no produjeron ninguna reforma institucional ni normativa, tampoco en lo referente a crear mecanismos de coordinación integrales y permanentes.

Recuadro 2.1. Propuesta de arreglos de coordinación del Frente de Transparencia y Lucha contra la Corrupción

El informe final del Frente de Transparencia y Lucha contra la Corrupción hacía notar que varios de los problemas institucionales y de implementación en el combate a la corrupción podrían solucionarse al fortalecer los mecanismos de coordinación, que surgió como una de sus prioridades. En ese sentido, también propuso construir un Sistema Nacional de Control, que agrupara a todas las instituciones pertinentes incluyendo dos grupos de coordinación, uno para la prevención y otro para la detección y sanción de casos.

Con respecto a la coordinación necesaria para la prevención, el Frente destacó que el objetivo debe ser homologar los reglamentos, estipular las competencias de manera precisa, crear y mejorar las herramientas de control, unificar la información, aumentar los controles sectoriales y establecer indicadores y normas para gestionar y evaluar el progreso, además de centrarse en sectores estratégicos como el de hidrocarburos y de la minería.

Fuente: Frente de Transparencia y Lucha contra la Corrupción (2017[14]), *Propuestas*, https://www.cenae.org/uploads/8/2/7/0/82706952/versio%CC%81n_final_151017_propuestas_finales_ftlc.pdf (consultado el 12 de abril de 2021).

Iniciativas relacionadas con la detección y sanción de casos

Respecto a la detección y sanción de casos, en 2019, los titulares del Consejo de la Judicatura, la Secretaría Anticorrupción, la Contraloría General del Estado, la Fiscalía General del Estado, la Procuraduría General del Estado, y la Unidad de Análisis Financiero suscribieron un Acuerdo de Cooperación Interinstitucional para fortalecer el combate a la corrupción y la recuperación de activos. El acuerdo estableció varios mecanismos de cooperación interinstitucional, entre ellos el intercambio de información, la colaboración en investigaciones y en la recuperación de activos, el desarrollo de proyectos conjuntos de innovación e investigación, así como la ejecución de programas de formación profesional. Como parte de este acuerdo, en enero de 2021, el Consejo de la Judicatura junto con la Corte Nacional de Justicia, la Defensoría Pública del Ecuador, el Ministerio de Gobierno y la Unidad de Análisis Financiero y Económico (UAFE) crearon la Mesa Interinstitucional de Lucha contra la Corrupción. El objetivo de la Mesa es implementar mecanismos de cooperación interinstitucional que permitan coordinar acciones para atacar cuellos de botella críticos y problemas estructurales que no permitan avanzar en el ejercicio de la acción penal. Adicionalmente, el propósito de la Mesa es facilitar el análisis de casos específicos y establecer protocolos adecuados para el correcto desarrollo del servicio judicial. La Mesa Interinstitucional de Lucha contra la Corrupción se reunirá de manera permanente una vez al mes, y en forma extraordinaria cuando la situación lo amerite; establecerá plazos, procesos, un cronograma de trabajo y el seguimiento periódico de los resultados.

En 2019 se puso en marcha otro mecanismo operativo de coordinación para facilitar y obtener resultados oportunos y eficaces en los procesos de recuperación de activos al crear el Grupo de Enlaces Interinstitucionales para la Recuperación de Activos (GEIRA), conformado por 11 instituciones: la Fiscalía General del Estado, la Procuraduría General del Estado, el Consejo de Participación Ciudadana y Control Social, la Unidad de Análisis Financiero y Económico (UAFE), el Ministerio de Relaciones Exteriores y Movilidad Humana, la Secretaría Anticorrupción, el Servicio de Rentas Internas, la Secretaría Técnica de Gestión Inmobiliaria del Sector Público (Inmobiliar), el Centro de Inteligencia Estratégica, la Corte Nacional de Justicia y el Consejo de la Judicatura.

Mecanismos de coordinación dentro de las funciones del Estado

En cuanto a los mecanismos de coordinación dentro de los poderes del Estado, la Función de Transparencia y Control Social cuenta con un órgano coordinador, el Comité de Coordinación, integrado por el titular de cada de una de las entidades que lo conforman, que cada año eligen el presidente de la Función entre sus miembros. Entre otras, este Comité tiene la atribución de formular políticas públicas de transparencia, control social, rendición de cuentas, promoción de la participación ciudadana, prevención y lucha contra la corrupción, coordinar los planes de acción de las entidades de la Función y elaborar el Plan Nacional de Integridad Pública y Lucha contra la Corrupción; presentar ante la Asamblea Nacional propuestas para efectuar reformas jurídicas en el ámbito de su competencia. A su vez, la ejecución y operatividad de los trabajos, las políticas y el plan del Comité de Coordinación son efectuadas por la Secretaría Técnica, cuyo secretario es nombrado por el Comité de una terna propuesta por el presidente. Aunque formalmente estos arreglos institucionales podrían promover la coordinación dentro de la Función de Transparencia y Control Social, la información proporcionada destacó que la capacidad de la Secretaría Técnica es, de facto, muy limitada por el número de servidores públicos que la conforman, pues asciende a tres junto al secretario.

En la Función Ejecutiva, la Secretaría Anticorrupción suprimida en virtud del Decreto Ejecutivo No. 1065 del 21 de mayo de 2020, debía servir de transversalizar la lucha contra la corrupción en la Función Ejecutiva. Aunque se han transferido los documentos y archivos a la Secretaría General de la Presidencia de la República, que ha estado promoviendo iniciativas de integridad como parte de su labor de gobierno abierto, las competencias y atribuciones anteriores de la Secretaría Anticorrupción no se han conferido formalmente a ninguna institución. De hecho, la prioridad de la Secretaría Anticorrupción no fue la prevención sino la investigación de los posibles casos de corrupción (PADF; FCD; CSIS, 2020[15]) y, al parecer, centrarse en las investigaciones fue una de las principales razones que a la larga contribuyeron a su supresión (El Comercio, 2020[16]). En consecuencia, actualmente no existe una entidad que coordine los asuntos de integridad y prevención de la corrupción en el seno del Ejecutivo, lo que lleva a un vacío institucional significativo. Esta situación plantea dificultades para promover, coordinar y aplicar políticas no solo dentro de las instituciones y entidades públicas del Ejecutivo (p. ej. ministerios, secretarías y empresas públicas), sino también poder coordinar acciones con otros poderes del Estado y la sociedad en general.

Coordinación entre las entidades desconcentradas y centrales

La falta de mecanismos de cooperación integral no solo incumbe a los poderes del Estado sino también a los distintos niveles desconcentrados de la administración pública, que son los Gobiernos Autónomos Descentralizados (provincias, cantones y parroquias rurales). En el pasado se tomaron algunas iniciativas importantes, pero fueron bilaterales o no involucraron a todos los órganos y poderes pertinentes.

El gobierno del Municipio del Distrito Metropolitano de Quito —a través de Quito Honesto, su órgano de integridad— suscribió un acuerdo con la Secretaría Anticorrupción, creada el 6 de febrero de 2019, para coordinar las políticas de integridad y lucha contra la corrupción, pero a la larga no pudo aplicarse en forma plena debido a la posterior supresión de la Secretaría, mediante Decreto Ejecutivo No. 1065 del 21 de mayo de 2020.

El Consejo de Participación Ciudadana y Control Social creó el Modelo de Territorios Transparentes y Participativos, que definió planes de acción, productos, herramientas e instrumentos —para que los Gobiernos Autónomos Descentralizados (GAD) los implementaran, basándose en su contexto y realidad—, en seis componentes:

- Capacitación y fortalecimiento continuo de las capacidades.
- Acceso a la información pública.
- Desarrollo humano.
- Participación ciudadana y control social.
- Rendición de cuentas.
- Coordinación institucional (Consejo de Participación Ciudadana y Control Social del Ecuador, 2016[17]).

De modo similar, tampoco se ha tomado ninguna iniciativa integral para promover los intercambios de información o el aprendizaje mutuo entre órganos con mandatos de integridad y lucha contra la corrupción dentro de los GAD, ni por instituciones estatales ni organismos de coordinación locales como el Consorcio de Gobiernos Autónomos Provinciales del Ecuador (CONGOPE), la Asociación de Municipalidades Ecuatorianas (AME) y el Consejo Nacional de Gobiernos Parroquiales Rurales del Ecuador (CONAGOPARE).

Ecuador podría establecer un Sistema Nacional de Integridad y Lucha contra la Corrupción para promover la cooperación estratégica y el diálogo entre las cinco funciones del Estado, entre los niveles de la administración, y con la contribución de la sociedad civil, la academia y el sector privado

Según la experiencia de la OCDE, los países han ido adoptando distintos mecanismos para garantizar la cooperación en materia de integridad pública:

- Mecanismos formales para asegurar una toma de decisiones coherente y permitir el apoyo, la comunicación y el intercambio de información.

- Mecanismos informales para permitir el intercambio y apoyo horizontales.
- Mecanismos diseñados para los niveles nacional y desconcentrado conforme al marco de gobernanza del país (OCDE, 2020[12]).

Aunque no existe un modelo único para solucionar los problemas de cooperación, algunas lecciones que se han observado en el trabajo de la OCDE con países de América Latina (Cuadro 2.3) son pertinentes para el contexto ecuatoriano, a saber:

- Es indispensable crear espacios para el diálogo, la reflexión y la cooperación entre los poderes y los órganos autónomos que, respetando su autonomía, permitan aprovechar los esfuerzos comunes para poner en marcha programas de integridad pública coherentes en todas las esferas públicas, con el propósito de aumentar su credibilidad y confianza. Aunque las entidades ajenas a la Función Ejecutiva suelen tener autonomía para aplicar sus propias políticas de integridad, es fundamental buscar mecanismos de cooperación que contemplen la transferencia de conocimientos y el apoyo para implementarlas. Algunos países tienen órganos coordinadores de múltiples interesados, en los que suelen participar entidades de control o del Ejecutivo, aunque su composición varía. En otros casos, como Colombia, México y Perú, también participan representantes del poder judicial. Solo los órganos coordinadores de Colombia y Perú también incluyen la participación del poder legislativo.
- Para que los mecanismos formales funcionen, se necesitan los siguientes elementos:
  - Liderazgo (voluntad): en particular, de la máxima autoridad del mecanismo.
  - Gestión: deben establecer tareas, compromisos y objetivos evidentes que generen productos con efectos directos y tengan unidades operativas o ejecutoras responsables del cumplimiento de los compromisos que surjan, y de darles seguimiento.
  - Capacidad: las unidades ejecutoras necesitan autoridad para guiar y dar seguimiento a la coordinación, lo que puede incluir, por ejemplo, redactar legislación y políticas, dirigir la formulación de una Estrategia Nacional de Integridad y Lucha contra la Corrupción, además de supervisar y evaluar las políticas de integridad, o todas las anteriores.
- Tal vez sea difícil tener un mecanismo de coordinación único o que incluya a todas las instancias pertinentes. Esto podría resolverse estableciendo espacios de coordinación alternos, pero integrados, que se inserten en un grupo central (grupos o comisiones de trabajo interinstitucional con dirección rotativa, por ejemplo).
- Aunque en la mayoría de las experiencias la sociedad no participa en forma directa en las unidades de coordinación, existe la tendencia creciente a aumentar la participación formal de la sociedad civil y la intervención de instancias no gubernamentales en el sistema de integridad. Por ejemplo, en Colombia y México hay mecanismos específicos para incluir la representación de la sociedad civil. Por un lado, en Colombia, el Estatuto Anticorrupción de 2011 creó la Comisión Nacional Ciudadana para la Lucha contra la Corrupción (CNCLCC), organismo que representa a los ciudadanos colombianos para evaluar y mejorar las políticas que promuevan la conducta ética y frenen la corrupción en los sectores público y privado. Por el otro, en México, el Sistema Nacional Anticorrupción, creado en 2015, tiene entre sus órganos rectores a un Comité de Participación Ciudadana, cuyo propósito es ser el enlace con las organizaciones sociales y académicas relacionadas con los temas del Sistema Nacional. En Perú, el órgano coordinador de temas de integridad y lucha contra la corrupción, la Comisión de Alto Nivel Anticorrupción (CAN), también está conformada por instancias no gubernamentales, incluidos representantes de entidades empresariales privadas, organizaciones sindicales, universidades, medios de comunicación e instituciones religiosas (OCDE, 2019[1]).

Cuadro 2.3. Sistemas de integridad pública en la región de ALC

País	Órgano coordinador de la política de integridad	Coordinación horizontal	Participación del poder legislativo	Participación del poder judicial	Participación de otras instancias
Argentina	Secretaría de Fortalecimiento Institucional (Jefatura del Gabinete de Ministros)	Informal mediante mesas de trabajo. El sistema está en el proceso de ser reformado	No	No	No
Colombia	Secretaría de Transparencia (ST)	Comisión Nacional para la Moralización (CNM)	Sí	Sí	Comisión Nacional Ciudadana para la Lucha contra la Corrupción
Chile	Ministerio Secretaría General de la Presidencia	Comisión de Probidad y Transparencia	No	No	Se estableció una alianza anticorrupción como un grupo de trabajo con el sector privado y la sociedad civil, pero ellos no participan en la estructura de coordinación.
Costa Rica	NA	Informal, por acuerdo entre las instituciones.	NA	NA	NA
México	Secretaría Ejecutiva del Sistema Nacional Anticorrupción	Comité coordinador del Sistema Nacional Anticorrupción	No	Sí	Comité de Participación Ciudadana
Perú	Secretaría de Integridad Pública (Presidencia del Consejo de Ministros)	Comisión de Alto Nivel Anticorrupción	Sí	Sí	Incluye al sector privado, sindicatos gremiales, universidades medianas e instituciones religiosas (con voz, pero sin voto)

Fuente: OCDE (2019[1]), *La Integridad Pública en América Latina y el Caribe 2018-2019*, OECD, París, http://www.oecd.org/gov/integridad/integridad-publica-en-america-latina-caribe-2018-2019.htm (consultado el 25 de febrero de 2020).

Considerando la estructura institucional del país y las lecciones aprendidas de países en la región de América Latina y el Caribe, Ecuador podría pensar en instituir un Sistema Nacional de Integridad y Lucha contra la Corrupción para subsanar la deficiente cooperación entre todas las instancias con un mandato de integridad pública y lucha contra la corrupción. Este sistema debería reunir a las instituciones pertinentes de todos los poderes del Estado y niveles de la administración pública y tener la misión fundamental de asegurar un diálogo permanente, así como definir iniciativas de cooperación tras examinar debidamente el papel y las atribuciones que la Constitución les confiere a cada uno de ellos. Ese sistema sería compatible con una propuesta similar que hizo un grupo de expertos en el pasado (Recuadro 2.1) y aprovecharía un modelo de cooperación que se usa con éxito en otras áreas de política pública, como la violencia contra las mujeres y la contratación pública (Recuadro 2.2).

Recuadro 2.2. Los Sistemas Nacionales de Género y de Contratación Pública en Ecuador

Se define al **Sistema Nacional Integral para Prevenir y Erradicar la Violencia contra las Mujeres** como el grupo organizado y articulado de instituciones, normas, políticas, planes, programas, mecanismos y actividades dirigidos a prevenir y a erradicar la violencia contra las mujeres, a través de la prevención, atención, protección y reparación integral de los derechos de las víctimas.

La Ley que crea el Sistema define su objeto, que es prevenir y erradicar la violencia contra las mujeres mediante el diseño, formulación, ejecución, supervisión, monitoreo y evaluación de normas, políticas, programas, mecanismos y acciones, en todas las instancias y en todos los niveles de gobierno, de forma articulada y coordinada. Además, define al ente rector, que es la Secretaría de Derechos Humanos. Los siguientes miembros tienen la obligación de articular y coordinar entre ellos y con otras instancias todas las acciones respectivas:

- Ente rector de Justicia y Derechos Humanos
- Ente rector de Educación
- Ente rector de Educación Superior
- Ente rector de Salud
- Ente rector de Seguridad Ciudadana y Orden Público
- Ente rector de Trabajo
- Ente rector de Inclusión Económica y Social
- Consejos Nacionales para la Igualdad
- Consejo de Regulación y Desarrollo de la Información y Comunicación
- Instituto Nacional de Estadísticas y Censos
- Servicio Integrado de Seguridad ECU 911
- Consejo de la Judicatura
- Fiscalía General del Estado
- Defensoría Pública
- Defensoría del Pueblo
- Un representante elegido por la asamblea de cada órgano asociativo de los Gobiernos Autónomos Descentralizados.

La Ley Orgánica del **Sistema Nacional de Contratación Pública** estipula que el Servicio Nacional de Contratación Pública es el órgano rector del Sistema Nacional de Contratación.

El Directorio del Servicio Nacional de Contratación pública —responsable de planificar, priorizar, proponer y dictar la política nacional en materia de contratación pública; establecer las normas o políticas sectoriales de contratación pública que deben aplicar las entidades competentes, y dictar la normativa para la organización y funcionamiento del Servicio Nacional de Contratación Pública— está conformado por:

- El Ministerio responsable de la Producción, Empleo y Competitividad
- La máxima autoridad del Organismo Nacional de Planificación
- El Ministro de Finanzas
- El alcalde designado por la Asamblea General de la Asociación de Municipalidades del Ecuador
- El Prefecto designado por el Consorcio de Consejos Provinciales del Ecuador
- La máxima autoridad del organismo responsable de la inclusión económica
- El director general del Servicio Nacional de Contratación Pública actúa como secretario del Directorio, con derecho a voz, pero sin voto.

Fuente: (Asamblea Nacional de la República del Ecuador, 2018[18]); (Asamblea Nacional de la República del Ecuador, 2008[19]).

Ecuador podría aprovechar la oportunidad para incluir la creación de dicho Sistema Nacional de Integridad y Lucha contra la Corrupción como uno de los objetivos prioritarios en materia de integridad pública del Plan Nacional de Desarrollo 2021-2025, que además podría sentar las bases para construir un enfoque estratégico y una visión de la integridad pública. Al aprender de las tentativas anteriores de establecer mecanismos de cooperación, pero considerando también la experiencia recopilada durante la misión investigadora, este Sistema Nacional de Integridad y Lucha contra la Corrupción debería apoyarse en una fase de diálogo entre todas las instancias pertinentes, lo que garantizaría la legitimidad del proceso, además de la apropiación y compromiso de todas las instituciones. Este diálogo también debe incluir espacios para la sociedad civil y el sector privado para compartir ideas, opiniones y prioridades de la configuración del sistema. Como se destacó en las entrevistas durante la misión investigadora, también es importante que el Sistema Nacional de Integridad y Lucha contra la Corrupción se plasme en una ley —más que en un decreto ejecutivo—, y se estipule explícitamente la obligación de cooperar de cada institución participante para garantizar el cumplimiento y la viabilidad del sistema.

Con respecto a la gobernanza del Sistema Nacional de Integridad y Lucha contra la Corrupción, se recomienda que el Presidente de la República, como jefe de Estado, lo dirija y lo presida (Gráfico 2.1). Esto mostraría el máximo nivel de compromiso en temas de integridad y lucha contra la corrupción y aseguraría una cooperación institucional proactiva entre las cinco Funciones del Estado, respetando sus atribuciones y funciones constitucionales. Un arreglo institucional de este tipo también tendría en cuenta la experiencia de la OCDE, ya que a menudo la labor de coordinación de esos arreglos formalizados requiere el mayor nivel de influencia, autoridad y liderazgo, y se sitúa en un lugar visible y central para señalar su importancia, como en el despacho del presidente o bajo el consejo de ministros. Junto al Presidente, este sistema debe incluir a todas las instituciones pertinentes de las cinco funciones del Estado, así como a representantes de los Gobiernos Autónomos Descentralizados a fin de garantizar la coherencia y aprovechar las sinergias entre las respectivas políticas e iniciativas (Recuadro 2.3).

> **Recuadro 2.3. Ejemplos de políticas e iniciativas de integridad y lucha contra la corrupción en las funciones legislativa y judicial, y en el Municipio del Distrito Metropolitano**
>
> La **Asamblea Nacional del Ecuador (AN)** creó un sitio web (www.asambleanacional.gob.ec/es/leyes-aprobadas) para fortalecer la transparencia legislativa y la supervisión de los procesos que efectúa dicha Asamblea, que es uno de los objetivos de su Plan Estratégico Institucional 2019-2021. La Asamblea Nacional también está implementando un Sistema de Gestión Antisoborno, conforme a la norma 37001 de la Organización Internacional de Normalización (ISO), y como parte de este proceso ha adoptado un Manual de Integridad que define una estrategia basada en la promoción de la integridad y la transparencia, con el propósito de mejorar la gestión y la reputación institucional. En agosto de 2019, el Consejo de Administración Legislativa, en virtud de la Resolución CAL-2019-2021-083, enmendó el Reglamento Orgánico Funcional de la Asamblea Nacional del Ecuador para crear la Coordinación General de Integridad y Prevención.
>
> El **Consejo de la Judicatura**, mediante su **Escuela de la Función Judicial**, ha creado y difundido herramientas educativas para los operadores de la justicia con el propósito de fortalecer la integridad judicial y prevenir la corrupción en el sistema judicial, conforme a los requisitos del Artículo 11 de la Convención de las Naciones Unidas contra la Corrupción (CNUCC) y los Principios de Bangalore sobre la Conducta Judicial. El 14 de mayo de 2020 se unió a la Red Mundial de Integridad Judicial para dar mayor cumplimiento a estos compromisos.
>
> El **Municipio del Distrito Metropolitano de Quito** (MDMQ) está trabajando en un plan de lucha contra la corrupción, a través de la Comisión Metropolitana de Lucha contra la Corrupción (Quito Honesto), entidad encargada de prevenir, controlar e investigar los posibles actos de corrupción, conforme a sus competencias. Adicionalmente, se cuenta con los siguientes ejemplos de iniciativas que se han creado como mecanismos para atenuar la corrupción:
>
> - Plan de Formación y Educación creado en forma conjunta con el Instituto de Capacitación Municipal (ICAM) con el objetivo de asegurar la comprensión de las responsabilidades y normas éticas que rigen la actuación de los servidores públicos municipales, además de fortalecer los valores y principios para promover una cultura institucional ética en el cumplimiento de sus obligaciones.
> - Revisión de los mecanismos y estrategias de control adoptados por las entidades municipales, que se clasifican conforme a los productos y servicios que proporcionan.
> - Creación de un enlace vinculado a todos los portales del MDMQ para que los ciudadanos puedan presentar denuncias sobre posibles casos de corrupción dentro de las entidades municipales.
>
> Fuente: Respuestas al cuestionario de la OCDE; (ONUDD, 2020[20]).

Una ley que conforme el Sistema Nacional de Integridad y Lucha contra la Corrupción debe identificar roles y un conjunto de funciones que sean compatibles con los mandatos constitucionales y las prioridades, analizadas y definidas durante la fase de diálogo. Teniendo en cuenta los puntos débiles previamente identificados, como mínimo debe llevar a cabo lo siguiente:

- Asegurar la participación y contribución de todas las instancias en el diseño de la Estrategia Nacional de Integridad y Lucha contra la Corrupción, así como de las políticas nacionales de integridad y anticorrupción.
- Coordinar la aplicación de políticas de integridad y anticorrupción y, en particular, la Estrategia Nacional de Integridad y Lucha contra la Corrupción.

- Supervisar y comunicar las actividades de todas las instancias que conforman el Sistema y sus avances en la aplicación de las políticas de integridad y anticorrupción, en concreto, de la Estrategia Nacional de Integridad y Lucha contra la Corrupción.
- Desarrollar estudios que aprovechen los datos y conocimiento de diversas instituciones para identificar las áreas con riesgo de fraude y corrupción, tendencias, prioridades para una posible acción coordinada.
- Generar campañas de comunicación y concientización sobre la integridad pública y el Sistema Nacional de Integridad y Lucha contra la Corrupción.
- Estimular la cooperación y el intercambio de buenas prácticas.

En cuanto al funcionamiento operativo, el Sistema debe reunir a los titulares de las instituciones participantes en sesiones plenarias anuales para informar sobre las actividades del ejercicio correspondiente, al tiempo que deberán nombrarse asesores cercanos del titular de la institución para coordinar el trabajo en un nivel más técnico.

Las organizaciones de la sociedad civil no solo deben ser parte de la fase de diálogo que culmine en el Sistema Nacional de Integridad y Lucha contra la Corrupción, sino también participar en el propio sistema, al menos con la posibilidad de ser invitadas a las sesiones, presentar propuestas, y monitorear las actividades del sistema. Para tal efecto, Ecuador podría beneficiarse de las aportaciones de organizaciones que hayan participado en la formulación del plan de gobierno abierto (Recuadro 2.5), así como de otras iniciativas de coordinación de la sociedad civil y del sector privado (Cuadro 2.4).

Cuadro 2.4. Iniciativas coordinadas por la sociedad civil y el sector privado

Instancia	Mandato y atribuciones
Comisión Nacional Anticorrupción	Órgano de la sociedad civil creado en 2015 por mandato del Colectivo Nacional de Trabajadores, Pueblos Indígenas y Organizaciones Sociales de Ecuador. La Comisión propuso cuatro preguntas para el referéndum popular de 2018, incluso una relacionada con el Consejo de Participación Ciudadana y Control Social. Adicionalmente, ha presentado varias denuncias ante el Ministerio Público por irregularidades en los contratos de diferentes instituciones públicas.
Comisión de Integridad y Anticorrupción	En 2019 se formó la Comisión de Integridad y Anticorrupción, con el apoyo de la Cámara de Comercio Internacional – Capítulo Ecuador (ICC). Está conformada por 27 miembros: un presidente, dos vicepresidentes y 24 miembros adicionales, incluidos representantes del sector privado, miembros de la academia y organizaciones de la sociedad civil. Su objetivo es promover la integridad y la lucha contra la corrupción en las empresas y entidades del sector público, fomentar la adopción de políticas anticorrupción en el sector empresarial y el uso de normas e instrumentos de la ICC para combatir la corrupción, incluido el Acuerdo por la Ética y la Transparencia.
Laboratorio de Innovación Ciudadana	Como parte de su Plan de Gobierno Abierto, Ecuador trabaja en la puesta en marcha del primer laboratorio de innovación ciudadana para generar espacios que contribuyan a mejorar la gestión pública mediante la co-creación y colaboración de la ciudadanía. En concreto, el propósito del Laboratorio es: • Mejorar la administración pública. • Crear en forma conjunta soluciones innovadoras que aborden problemas sociales, especialmente los relacionados con las poblaciones vulnerables. • Modernizar las relaciones entre los actores gubernamentales y no gubernamentales. • Generar nuevos canales de aporte ciudadano.

Crear una visión sobre la integridad y la lucha contra la corrupción en Ecuador

Ecuador podría adoptar un enfoque estratégico para la integridad pública

Una estrategia de integridad pública es esencial para apoyar y mantener un sistema de integridad pública coherente y completo, además de las acciones de las instituciones que lo conforman. Esto no solo incluye al documento en sí, sino también al proceso de su elaboración que tal vez es tan importante como la estrategia consiguiente. Gracias a un proceso participativo e incluyente y a una base de pruebas sólidas, se puede legitimar una estrategia, identificar los riesgos más neurálgicos y acordar objetivos estratégicos para el país. Las estrategias además son una forma de demostrar el compromiso, pero también pueden socavar la confianza y la credibilidad de las autoridades públicas si no se traducen en acciones, o si su progreso no está sujeto a supervisión y evaluación (OCDE, 2020[12]). Conforme a este enfoque, la *Recomendación de la OCDE sobre Integridad Pública* declara que los adherentes deben "desarrollar un enfoque estratégico para el sector público que se base en datos empíricos y que tenga por objeto atenuar los riesgos en materia de integridad, en concreto:

- Fijando prioridades y objetivos estratégicos para el sistema de integridad pública basados en análisis de riesgos de infracciones de normas de integridad pública, teniendo en cuenta aquellos factores que contribuyan a políticas de integridad efectivas en el sector público.
- Elaborando puntos de referencia e indicadores y recopilando datos relevantes y fidedignos sobre el nivel de ejecución, el rendimiento y la eficacia general del sistema de integridad pública" (OCDE, 2017[6]).

Aunque Ecuador sí tiene algunos objetivos estratégicos definidos en el Plan Nacional de Desarrollo 2017-2021 y en el Plan de Integridad Pública y Lucha contra la Corrupción 2019-2023, ambos instrumentos de planeación no han podido generar los efectos previstos.

Plan Nacional de Desarrollo 2017-2021

Ecuador ha declarado la lucha contra la corrupción como prioridad nacional y ha incluido objetivos relacionados con la integridad en su Plan Nacional de Desarrollo 2017-2021 "Toda una Vida". Sin embargo, esto no ha producido resultados evidentes. El Plan Nacional para el Buen Vivir 2017-2021 estableció seis acciones para fortalecer la transparencia y la lucha contra la corrupción en los sectores público y privado, como parte de su objetivo número 8 sobre "Promover la transparencia y la corresponsabilidad para una nueva ética social", que también se formuló a partir de las propuestas del Frente de Transparencia y Lucha contra la Corrupción:

- Impulsar una nueva ética laica, basada en la honestidad, la solidaridad, la corresponsabilidad, el diálogo, la igualdad, la equidad y la justicia social como valores y virtudes que orientan el comportamiento y accionar de la sociedad y sus diversos sectores.
- Fortalecer la transparencia en la gestión de instituciones públicas y privadas y la lucha contra la corrupción, con mejor difusión y acceso a información pública de calidad, optimizando las políticas de rendición de cuentas y promoviendo la participación y el control social.
- Impulsar medidas para la prevención, control y sanción de conflictos de interés y opacidad en las contrataciones y servicios del Estado.
- Luchar contra la impunidad, fortaleciendo la coordinación interinstitucional y la eficacia de los procesos para la detección, investigación, juzgamiento, sanción y ejecución de penas.
- Promover un pacto ético nacional e internacional para lograr justicia económica, la eliminación de paraísos fiscales, el combate a la defraudación fiscal y el comercio justo global.

- Fomentar la transparencia en los sectores privado y popular-solidario, impulsando la adopción de criterios de integridad que fortalezcan los principios de cooperativismo y de gobierno corporativo, para disuadir del cometimiento de actos que atenten contra los objetivos nacionales de desarrollo.

Para apoyar la ejecución y supervisión del Plan, se crearon un Gabinete Estratégico y cuatro Gabinetes Sectoriales. Sin embargo, información disponible en línea y la recabada durante las entrevistas puso de manifiesto que no hay una supervisión permanente del plan, lo que causa preocupación sobre el ritmo de ejecución y los resultados logrados por las entidades públicas con respecto a esos objetivos, que aludía a algunos temas fundamentales como la coordinación interinstitucional y los conflictos de interés.

Plan Nacional de Integridad Pública y Lucha contra la Corrupción 2019-2023

La Función de Transparencia y Control Social formuló y aprobó el Plan Nacional de Integridad Pública y Lucha contra la Corrupción 2019-2023 (Función de Transparencia y Control Social del Ecuador, 2019[21]) basado en el análisis del contexto nacional, así como en datos sobre casos emblemáticos de corrupción y en la percepción de prácticas corruptas entre los ciudadanos. El Plan identifica las principales causas de la corrupción y las medidas para atacarlas, con el propósito de lograr los siguientes objetivos estratégicos:

- Promover la integridad en la gestión pública y privada que se desarrolle con recursos públicos.
- Fortalecer la acción ciudadana en sus diversas formas de organización para lograr su incidencia en lo público.

Fortalecer los mecanismos de coordinación y cooperación interinstitucional pública y privada, que articulen iniciativas y acciones para la prevención y lucha contra la corrupción. Cada objetivo estratégico tiene un indicador y está compuesto por diferentes estrategias que, a su vez, corresponden a un proyecto, distintas actividades y a un conjunto de entidades responsables.

El Plan se apoya en un marco analítico, que hace una referencia a la definición de integridad pública de la OCDE (OCDE, 2017[6]), y define una matriz con objetivos y metas, además de una lista de proyectos, actividades y entidades responsables. Sin embargo, el documento y las entrevistas durante la misión investigadora pusieron de manifiesto que la participación de las entidades públicas ajenas a la Función de Transparencia y Control Social, así como de representantes de la sociedad civil era muy limitada en el proceso de desarrollo.

Adicionalmente, la matriz apenas menciona a las entidades de otras funciones, mientras que acciones fundamentales —como la elaboración de un Código de Conducta para el sector público y de mecanismos de gestión de riesgos para prevenir la corrupción y la conducta poco ética, la ejecución de un programa de capacitación para servidores públicos y programas educativos para estudiantes, así como el fortalecimiento de mecanismos de coordinación interinstitucional— no pueden implementarse del todo sin la intervención y corresponsabilidad de otras entidades públicas, sobre todo de la Función Ejecutiva (por ej., Presidencia de la República, Ministerio del Trabajo y Ministerio de Educación). La perspectiva interna del Plan puede explicar el poco avance en su ejecución, que los entrevistados también atribuyeron a las dificultades causadas por la pandemia del COVID-19 y a la capacidad y recursos limitados del organismo encargado de promover y coordinar su ejecución, que es la Secretaría Técnica del Comité de Coordinación de la Función de Transparencia y Control Social. Además, los entrevistados señalaron la falta de interacción y compromiso continuos entre los integrantes de la misma Función de Transparencia y Control Social. Independientemente de las causas específicas, el Plan demostró que ha tenido un efecto muy limitado hasta ahora y la mayoría de las instancias del sector público, la sociedad civil y el sector privado entrevistadas durante la misión investigadora tenían poco o ningún conocimiento de la existencia del Plan y de sus acciones.

El Plan Nacional de Desarrollo 2021-2025 podría establecer la hoja de ruta para la formulación gradual y participativa de una Estrategia Nacional de Integridad y Lucha contra la Corrupción

Aunque se han hecho esfuerzos para definir actividades y objetivos relacionados con la integridad, estos no proporcionan a las instituciones pertinentes ni al público una estrategia explícita y basada en pruebas que aborde las prioridades y áreas de riesgo. Por consiguiente, representantes de distintas instituciones entrevistados durante la misión investigadora señalaron la falta de una "visión" nacional en materia de integridad y lucha contra la corrupción como uno de los desafíos más importantes del país. De hecho, esta se considera una de las principales causas de las iniciativas fragmentadas e incoherentes del último año, lo que a su vez contribuyó a los bajos niveles de confianza pública en los esfuerzos de lucha contra la corrupción y en la actuación del gobierno en forma más general.

Este desafío se relaciona estrechamente con la deficiencia en la cooperación, que es un requisito previo ya que una estrategia necesita la contribución y participación de todas las entidades pertinentes de las diferentes funciones del Estado, cuya aceptación y participación activa es decisiva para que la estrategia sea exitosa. Al mismo tiempo, el proceso de ejecución de una estrategia también puede reforzar y promover aún más la cooperación y las sinergias cuando se trata de asignar la responsabilidad compartida para cumplir objetivos a dos o más instancias pertinentes, o a una instancia en estrecha coordinación con otras.

Ecuador debería aprovechar el Plan Nacional de Desarrollo 2021-2025 no solo para establecer como objetivo la creación de un Sistema Nacional de Integridad y Lucha contra la Corrupción, sino también para definir una hoja de ruta con etapas y objetivos progresivos que tengan como propósito y culminen en una Estrategia Nacional de Integridad y Anticorrupción. Al tiempo que refleje las prioridades del Presidente de la República en materia de integridad pública, esa estrategia debe aspirar a trascender al gobierno en turno y contribuir a construir una visión para el país.

Gráfico 2.2. Objetivos relacionados con la integridad para el Plan Nacional de Desarrollo 2021-2025

Plan Nacional de Desarrollo 2021-2025

Objetivo 1: creación del Sistema Nacional de Integridad y Lucha contra la Corrupción
- Fase de diálogo [2021]
- Ley que crea el Sistema [2022]

Objetivo 2: formulación de la Estrategia Nacional de Integridad y Lucha contra la Corrupción 2023-2026
- Plan de Acción Prioritario del Plan Nacional de Integridad y Lucha contra la Corrupción 2019-2023 [2022]
- Proceso de co-creación de la Estrategia Nacional de Integridad y Lucha contra la Corrupción 2023-2026 [2022-2023]
- Adopción de la Estrategia Nacional de Integridad y Lucha contra la Corrupción 2023-2026 [2023]

Coordinación interna del Sistema Nacional de Integridad y Lucha contra la Corrupción

Fuente: Elaborado por la OCDE en base a las recomendaciones.

Incluir este objetivo de la Estrategia Nacional de Integridad y Lucha contra la Corrupción —así como el de crear el Sistema Nacional de Integridad y Lucha contra la Corrupción— en el Plan Nacional de Desarrollo tiene varias ventajas fundamentales. En primer lugar, el Plan Nacional de Desarrollo goza de la máxima legitimidad y rango constitucional ya que la planificación del desarrollo nacional es uno de los deberes constitucionales primordiales del Estado (Artículo 3 de la Constitución) y porque el Artículo 280 de la Constitución estipula que es el documento estratégico al que se sujetarán:

- las políticas, programas y proyectos públicos, incluidos los de integridad y lucha contra la corrupción
- la programación y ejecución del presupuesto del Estado
- y la inversión y asignación de los recursos públicos (Recuadro 2.4).

En segundo lugar, el Plan Nacional de Desarrollo es aprobado y supervisado por el Consejo Nacional de Planificación, que es un amplio mecanismo participativo dirigido por el Presidente de la República e incluye a representantes de los niveles desconcentrados del gobierno. El trabajo del Consejo Nacional de Planificación, incluida la elaboración del Plan Nacional de Desarrollo, es apoyado por la Secretaría Técnica Planifica Ecuador, una entidad adscrita a la Presidencia de la República que sucedió a una entidad independiente, a nivel de ministerio, la Secretaría Nacional de Planificación y Desarrollo (SENPLADES), en virtud del Decreto Ejecutivo No. 732 del 13 de mayo de 2019.

En tercer lugar, la observancia del Plan Nacional de Desarrollo es obligatoria para todas las instituciones del sector público, lo que también promovería y aseguraría la participación de todas las funciones del Estado.

Recuadro 2.4. El Plan Nacional de Desarrollo de Ecuador

El Sistema Nacional Descentralizado de Planificación Participativa organiza la planeación del desarrollo. El sistema está conformado por un Consejo Nacional de Planificación, que integra a los diferentes niveles de gobierno con participación ciudadana, y cuenta con una secretaría técnica que lo coordina. Este Consejo tiene el objetivo de dictar las directrices y políticas que orienten al sistema y aprobar el Plan Nacional de Desarrollo, y está presidido por el Presidente de la República.

El Plan Nacional de Desarrollo conecta las políticas públicas de mediano y corto plazo con una visión de largo plazo conforme a la Constitución. El Plan documenta toda acción, programa y proyecto público, el presupuesto y las deudas públicas, la cooperación internacional, las empresas de propiedad estatal y la seguridad pública. Al mismo tiempo, los planes de los gobiernos autónomos descentralizados también deben definirse en el marco del Plan Nacional de Desarrollo. Éste también debe incorporar las políticas nacionales de largo plazo de política pública que se hayan establecido mediante la consulta popular.

El Plan Nacional de Desarrollo es aprobado por el Consejo Nacional de Planificación, que es el organismo encargado del Sistema Nacional Descentralizado de Planificación Participativa. Dicho Consejo es presidido por el Presidente de la República, tiene una secretaría técnica —la Secretaría Técnica Planifica Ecuador—, incluye a todos los niveles gubernamentales y contempla mecanismos de participación ciudadana.

El Plan Nacional de Desarrollo tiene una vigencia de cuatro años, se basa en el programa de gobierno del Presidente electo y toma en cuenta los objetivos generales de los planes de las demás funciones del Estado y los planes de desarrollo de los Gobiernos Autónomos Descentralizados, en el ámbito de sus competencias. El desarrollo del Plan debe asegurar la participación de los ciudadanos.

Fuente: Asamblea Nacional de la República del Ecuador (2010[22]), Código Orgánico de Planificación y Finanzas Públicas, https://www.gob.ec/sites/default/files/regulations/2020-06/C%C3%93DIGO_ORG%C3%81NICO_DE_PLANIFICACI%C3%93N_Y_FINANZAS%20-%20diciembre%202019.pdf (consultado el 12 de abril de 2021).

Considerando que se aprovechen las iniciativas existentes tomadas por Ecuador y la vigencia de cuatro años del Plan Nacional de Desarrollo, la hoja de ruta que se prescriba podría aspirar a formular una Estrategia Nacional de Integridad y Lucha contra la Corrupción en dos pasos secuenciados (gráfico 2.3):

- Como primer paso, empezando en 2022 y luego de la creación del Sistema Nacional de Integridad y Lucha contra la Corrupción antes recomendado, el Plan Nacional de Desarrollo podría dar el mandato a este Sistema para coordinar la elaboración de un Plan de Acción que ponga en marcha algunas acciones prioritarias clave del Plan Nacional de Integridad Pública y Lucha contra la Corrupción 2019-2023 aprobado por la Función de Transparencia y Control Social. A pesar de la escasa participación y resultados limitados de las instancias pertinentes, el Plan Nacional de Integridad Pública y Lucha contra la Corrupción 2019-2023 identifica algunas áreas de intervención donde este informe también identificó deficiencias, como en el código de ética, la gestión de riesgos y la capacitación. Además, utilizar el plan actual enviaría un mensaje positivo a los ciudadanos, la sociedad civil y al sector privado, mostrando el esfuerzo que se realiza para asegurar la continuidad de las políticas de integridad y lucha contra la corrupción. Sin embargo, el Plan de Acción debe centrarse en un grupo de prioridades, contar con el apoyo del Sistema Nacional de Integridad y Lucha contra la Corrupción para asegurar una mayor participación de todas las funciones del Estado en su diseño e implementación, además de recibir retroalimentación y comentarios de la sociedad civil. Dicho plan de acción debe enfocarse en abordar áreas de alto riesgo, objetivos realistas y también lograr algunos resultados evidentes para recuperar la confianza del público. En este sentido, la experiencia de la OCDE sugiere poner énfasis en la comunicación del plan de acción, que debe ser simple y permitir que los lectores ajenos a la administración pública entiendan las acciones, responsabilidades y los resultados esperados.

- Como segundo paso, empezando en 2022, el Plan Nacional de Desarrollo podría contemplar la formulación de una nueva Estrategia Nacional de Integridad Pública y Lucha contra la Corrupción para el periodo 2023-2026, convirtiéndola en una estrategia de Estado que trascienda el mandato del gobierno (2021-2025) y así contribuir a crear continuidad durante los cambios políticos. A su vez, la Estrategia podría ponerse en marcha mediante dos Planes de Acción, cubriendo cada uno de ellos un periodo de dos años (2023-2024; 2025-2026). Basándose en la experiencia de los países de la OCDE, la Estrategia Nacional de Integridad y Lucha contra la Corrupción podría considerar los siguientes pasos metodológicos del proceso:
    - Análisis de problemas: identificación, análisis y atenuación de riesgos.
    - Diseño de estrategias: priorización de objetivos, consulta y coordinación de políticas públicas.
    - Desarrollo de indicadores con valores de referencia, metas parciales y objetivos.
    - Elaboración del plan de acción, distribuir responsabilidades y calcular el costo de las actividades.
    - Implementación, seguimiento, evaluación y comunicación de los resultados de la supervisión y evaluación, incluida la evaluación previa a la implementación (OCDE, 2020[12]):

Entre las aportaciones a tener en cuenta a lo largo de este proceso, la Estrategia y los Planes de Acción también podrían aprovechar el análisis y las recomendaciones de un posible Estudio de la OCDE sobre Integridad de Ecuador.

Gráfico 2.3. Secuencia de las medidas recomendadas para crear un Sistema Nacional de Integridad y Lucha contra la Corrupción y formular una Estrategia Nacional de Integridad y Lucha contra la Corrupción

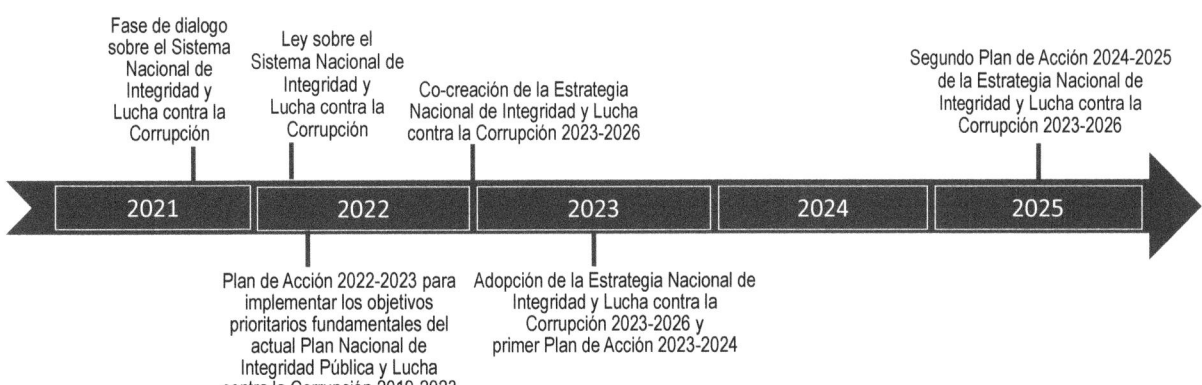

Fuente: Elaborado por la OCDE en base a las recomendaciones.

Dada la multiplicidad de instituciones con atribuciones relacionadas con la integridad en Ecuador, el proceso de formulación de esta Estrategia Nacional de Integridad Pública y Lucha contra la Corrupción debe ser apoyado por arreglos institucionales adecuados que aseguren la coordinación, participación y contribución de todas las instancias pertinentes en su diseño y ejecución. Para tal efecto, lo ideal sería que Ecuador asignara la coordinación de este proceso al Sistema Nacional de Integridad y Lucha contra la Corrupción, como se recomienda anteriormente. Esto iría a la par de la práctica de algunos países de la OCDE que delegaron la responsabilidad de formular una estrategia a un pequeño comité compuesto por representantes de los órganos pertinentes clave en cada poder del Estado y de entidades desconcentradas. Lo ideal es que este comité de redacción sea presidido por una persona de reconocido prestigio, experiencia, legitimidad e influencia política para que actúe como un "defensor" eficaz del órgano de redacción y, en última instancia, de la estrategia en sí (ONUDD, 2015[23]) Por ejemplo, la Estrategia Anticorrupción del Reino Unido fue redactada por la Unidad Conjunta de Lucha contra la Corrupción (JACU) en el Ministerio del Interior, y la estrategia anticorrupción de Finlandia fue elaborada por un grupo intergubernamental que incluyó a la policía, el gobierno local y organizaciones de la sociedad civil (Pyman, Eastwood and Elliott, 2017[24]).

Para asegurar la calidad de la Estrategia y los Planes de Acción, Ecuador también podría considerar el fortalecimiento de las capacidades entre los miembros del Sistema Nacional de Integridad y Lucha contra la Corrupción en lo referente a la planificación operativa y estratégica, con el apoyo técnico y las metodologías de la Secretaría Técnica Planifica Ecuador. Esto ayudaría a crear un mayor entendimiento común sobre los desafíos, prioridades y elementos clave de las políticas de integridad y lucha contra la corrupción, acatando los convenios y normas internacionales, como la *Recomendación de la OCDE sobre Integridad Pública*.

También debería garantizarse la participación de organizaciones de la sociedad civil y del sector privado, que en Ecuador son activas en múltiples temas relacionados con la integridad, ya que ayudaría a aumentar la legitimidad de la estrategia y sería indispensable para crear una visión común (ONUDD, 2015[23]). Según las entrevistas realizadas durante la misión investigadora, ese entendimiento común es muy necesario. En este sentido, Ecuador podría garantizar una metodología participativa e incluyente inspirándose en la metodología de co-creación utilizada en el primer Plan de Acción de Gobierno Abierto, considerado como una práctica incluyente exitosa por muchos de los actores entrevistados durante la misión investigadora (Recuadro 2.5), así como en las metodologías utilizadas en otros países de la región de América Latina y el Caribe para formular sus estrategias de integridad y lucha contra la corrupción (Recuadro 2.6). De acuerdo con el modelo propuesto para el Sistema Nacional de Integridad y Lucha contra la Corrupción, también podrían participar organizaciones de la sociedad civil, el sector privado, los medios de comunicación, academia y el público en general en la supervisión y evaluación de la estrategia (PNUD, 2014[25]). Es más, el documento también debería ser analizado por la población en general mediante un proceso de consulta pública, poniendo a su disposición todos los documentos de apoyo y aclarando cómo se toman en cuenta los comentarios del público y de las organizaciones en la versión definitiva de la estrategia, incluyendo explicaciones sobre los comentarios que no se consideraron.

Recuadro 2.5. Metodología de co-creación para el primer Plan de Acción de Gobierno Abierto de Ecuador 2019-2022

El proceso de co-creación del primer Plan de Acción de Gobierno Abierto de Ecuador empezó al formarse el Grupo Núcleo, un espacio diseñado para la coordinación, acompañamiento y verificación de resultados del proceso de co-creación y la ejecución del Plan de Acción de Gobierno Abierto. El propósito de dicho espacio es promover la participación y la cooperación entre diferentes instancias, así como el debate, el consenso, el equilibrio y la pluralidad de voces. Los integrantes del Grupo Núcleo —instituciones y entidades de la academia, la sociedad civil y el sector público— se seleccionaron conforme a sus antecedentes, responsabilidades y experiencia; y celebran reuniones periódicas para promover las acciones de gobierno abierto en el país. Del lado del sector público, la Secretaría General de la Presidencia de la República es el punto de contacto ministerial responsable de coordinar las actividades de la Alianza para el Gobierno Abierto a nivel nacional y una de las instancias del sector público que contribuyó a la co-creación del Plan de Acción de Gobierno Abierto del país, al ser parte del Grupo Núcleo de Gobierno Abierto.

La metodología para elaborar el Plan de Acción de Gobierno Abierto se basó en la co-creación en todas sus etapas, reconociendo el papel clave de la participación y colaboración para diseñar e implementar respuestas a problemas fundamentales de la sociedad. De tal modo que ninguna decisión relacionada con el Plan pudiera ser tomada exclusivamente por una autoridad gubernamental o por alguno de los miembros del Grupo Núcleo.

El propósito de la metodología del modelo de co-creación fue garantizar tres niveles de participación: el público en general, el grupo de trabajo de Gobierno Abierto y el Grupo Núcleo. Adicionalmente, el proceso aprovechó las experiencias de aprendizaje de otros países como Argentina, Uruguay y Costa Rica.

En cuanto a sus etapas, la metodología consta de las siguientes:

1. Recepción de ideas y propuestas de la ciudadanía, organizaciones de la sociedad civil, academia, gobierno y el sector privado a través del sitio web oficial de Gobierno Abierto Ecuador, además de mesas de co-creación territoriales.
2. Análisis preliminar y agrupación de propuestas.
3. Evaluación de propuestas conforme a su factibilidad y relevancia.
4. Selección de propuestas con el mayor potencial de ser incluidas en el Plan de Acción de Gobierno Abierto, tanto por su viabilidad de ejecución como por su pertinencia o efectos para el país.
5. Validación por parte de las máximas autoridades de las entidades representadas para asegurar la viabilidad de la ejecución de las propuestas. Después de su validación y confirmación, se convierten en compromisos del Plan de Acción.

6. Rendición de cuentas mediante un informe de seguimiento en el sitio web de Gobierno Abierto de Ecuador sobre la selección de propuestas y a través de una campaña de comunicación en canales electrónicos.
7. Formalización del Plan de Acción mediante su presentación pública en Ecuador y ante la Alianza para el Gobierno Abierto.

Fuente: Gobierno Abierto Ecuador (2019[26]), *Primer Plan de Acción de Gobierno Abierto Ecuador 2019-2022*, https://www.opengovpartnership.org/wp-content/uploads/2020/01/Ecuador_Action-Plan_2019-2021.pdf (consultado el 12 de abril de 2021).

Recuadro 2.6. Prácticas participativas para elaborar planes, políticas y estrategias de integridad y lucha contra la corrupción en América Latina y el Caribe

Plan Nacional Anticorrupción de Argentina 2019-2023

La Oficina Anticorrupción promovió una consulta pública abierta, a través del portal de la Secretaría de Gobierno de Modernización. Gracias a ese proceso se recibieron varias propuestas relacionadas con el fortalecimiento institucional, la participación ciudadana, integridad en el sector privado, educación escolar en materia de ética.

Política Nacional Anticorrupción de México (2020)

La consulta pública constó de tres pilares. El primero fue un consejo consultivo, concebido como un espacio para el diálogo de alto nivel, en el que participaron representantes de organizaciones de la sociedad civil, la academia, el sector privado, instituciones públicas y organizaciones internacionales, contribuyendo con estudios, informes e investigación que se tomaron en cuenta para elaborar la propuesta de política pública. El segundo pilar fue una consulta ciudadana en línea mediante 64 entrevistas con diferentes instancias que preguntaron a ciudadanos y especialistas sobre su percepción de las causas, efectos y posibles soluciones al problema de la corrupción. El tercer pilar de la consulta ciudadana se organizó a través de ocho foros regionales para recopilar opiniones y propuestas de académicos, organizaciones de la sociedad civil y servidores públicos de las entidades estatales del país. La información recopilada en esta fase de la consulta proporcionó una perspectiva regional y local del fenómeno de la corrupción.

Plan Nacional de Integridad, Transparencia y Anticorrupción de Paraguay 2021-2025

Se llevó a cabo un amplio proceso participativo para recopilar ideas de un grupo numeroso y heterogéneo de sectores y personas vinculadas con la administración pública (120 autoridades y servidores públicos de 81 instituciones públicas) sobre los posibles obstáculos y facilitadores para poner en marcha el Plan Nacional. Esto incluyó nueve talleres y consultas con representantes de diferentes sectores de la sociedad civil. Tres de los talleres se celebraron con servidores públicos de los tres poderes de gobierno, incluyendo a los de la Contraloría General de la República, la Fiscalía General del Estado, el Banco Central de Paraguay y la Itaipú Binacional. Otros tres se realizaron con servidores públicos de municipalidades y gobernaciones, y los tres últimos con servidores encargados de las Unidades de Transparencia y Anticorrupción (UTA) de las instituciones públicas. En general, los resultados del proceso consultivo coincidieron con las conclusiones previas y con los desafíos identificados en estudios existentes sobre el nivel de desarrollo que muestra el sistema de integridad institucional de Paraguay.

> **Política Nacional de Integridad y Lucha contra la Corrupción de Perú (2017)**
>
> La formulación de la Política Nacional de Integridad y Lucha contra la Corrupción se realizó mediante un proceso participativo llevado a cabo por la Comisión de Alto Nivel Anticorrupción (CAN), a través de su Coordinación General, procediendo a la sistematización, análisis, diseño y priorización de los comentarios, aportes y sugerencias obtenidas de diversas entidades públicas y del sector privado.
>
> Este proceso incluyó:
>
> - Un taller técnico que permitió el análisis y estudio del contenido de la futura política nacional.
> - Un análisis del primer borrador de la política nacional con los puntos de contacto de las entidades públicas y privadas representadas en la Comisión de Alto Nivel Anticorrupción y los representantes de todos los ministerios del poder ejecutivo, también mediante una plataforma virtual creada para los puntos de contacto de la CAN.
> - Recepción y contribución de la Asamblea Nacional de Gobiernos Regionales y la Asociación de Municipalidades del Perú.
> - Asesoría técnica proporcionada por el Centro Nacional de Planeamiento Estratégico (CEPLAN), la Secretaría de Coordinación y la Secretaría de Gestión Pública, de manera que el contenido y estructura coincidan con el Plan Estratégico de Desarrollo Nacional.
>
> Fuente: (Gobierno de Argentina, 2019[27]); (Sistema Nacional Anti-corrupción de Mexico, 2020[28]); (Gobierno de Paraguay, 2020[29]); (Gobierno del Peru, 2017[30]).

Tras la aprobación de la Estrategia de Integridad y Lucha contra la Corrupción 2023-2026, Ecuador podría analizar y formular una política de Estado de largo plazo sobre integridad y lucha contra la corrupción vinculada con la Constitución y los Objetivos de Desarrollo Sostenible

La experiencia, procesos, metodologías participativas y enfoque estratégico para formular la Estrategia Nacional de Integridad y Lucha contra la Corrupción 2023-2026 podrían sentar las bases para avanzar otro paso en la consolidación e institucionalización de una visión nacional de integridad y lucha contra la corrupción en Ecuador. Una vez aprobada la Estrategia de Integridad y Lucha contra la Corrupción, Ecuador podría pensar en formular una política de Estado de largo plazo sobre integridad y lucha contra la corrupción, que es una herramienta de planeación estratégica prevista en su marco jurídico sustentando las prioridades de todos los siguientes Planes Nacionales de Desarrollo (Secretaría Técnica Planifica Ecuador, 2019[31]). Esta política permitiría abordar aún más los problemas de institucionalización, continuidad y viabilidad de las políticas de integridad y lucha contra la corrupción, que se plantearon como una de las prioridades durante las entrevistas de la misión investigadora.

La Norma Técnica del Sistema Nacional Descentralizado de Planeación Participativa define a estas políticas de Estado de largo plazo como las que se establecen a partir de un amplio acuerdo nacional y la formulación de un proyecto común para el futuro, basado en los deberes constitucionales y en los compromisos internacionales de largo plazo. Por consiguiente, la política de Estado de largo plazo sobre integridad y lucha contra la corrupción podría utilizar la metodología participativa creada para la estrategia y prever su ratificación mediante un referéndum popular, que aumentaría su legitimidad democrática y demostraría el compromiso y la participación del Estado. En lo referente al contenido, la política debe contribuir a cumplir con uno de los deberes constitucionales clave de Ecuador, a saber, garantizar a sus habitantes el derecho a una cultura de paz, a la seguridad integral y a vivir en una sociedad democrática y libre de corrupción (Artículo 3 de la Constitución del Ecuador). Además, contribuiría a la aplicación de compromisos internos, como la Convención de las Naciones Unidas contra la Corrupción y el Objetivo de Desarrollo Sostenible Número 16 sobre Paz, Justicia e Instituciones Sólidas, que es parte de la Agenda

2030 para el Desarrollo Sostenible e incluye la meta de reducir sustancialmente la corrupción y el soborno en todas sus formas, y crear instituciones eficaces, responsables y transparentes en todos los niveles. El marco jurídico define la estructura y el proceso para la aprobación de una política de Estado de ese tipo y establece su validez por un periodo de al menos 20 años (Recuadro 2.7). Al formular su política de largo plazo, Ecuador podría considerar la política nacional adoptaba por Perú en 2017, que establece la visión de integridad y lucha contra la corrupción del país y documenta sus planes y esfuerzos (Recuadro 2.8).

Recuadro 2.7. Responsabilidades y estructura de las políticas de largo plazo en Ecuador

La Secretaría Técnica del Sistema Nacional Descentralizado de Planificación Participativa coordina la elaboración de las propuestas de políticas de largo plazo para su validación por el Consejo Nacional de Planificación. El proceso de elaboración y actualización, o ambos, de políticas de largo plazo incluye la coordinación con las entidades del Estado y la sociedad civil mediante órganos de participación ciudadana.

Las políticas de largo plazo deben incluir, como mínimo:

- Objetivos Nacionales de Desarrollo de Largo Plazo: son los objetivos nacionales consensuados en procesos participativos que reflejan el cambio estructural deseado para lograr el desarrollo en el marco de un proyecto común para el futuro. Considerando que los desafíos futuros son diversos, la identificación de objetivos nacionales de desarrollo implica necesariamente un ejercicio de priorización.

- Objetivos Nacionales de largo plazo: establecen los niveles cuantitativos que deben alcanzarse en un periodo de tiempo determinado. Deben contener expresiones con términos asociados a cantidad y tiempo, se construyen con indicadores de impacto que muestren un cambio o ruptura con respecto a la situación inicial. Las metas de largo plazo deben contribuir a la consecución de los Objetivos Nacionales de Desarrollo y son base para el seguimiento y evaluación.

- Modelo Territorial de largo plazo: expresión territorial de las Políticas de Largo Plazo y sus objetivos y metas de largo plazo. Contiene lineamientos territoriales que son orientaciones para la aplicación de las políticas de largo plazo en el territorio.

Fuente: Secretaría Técnica Planifica Ecuador (2019[31]), *Norma Técnica del Sistema Nacional de Planificación Participativa*, https://www.planificacion.gob.ec/wp-content/uploads/downloads/2019/12/Norma_Tecnica_del_Sistema_Nacional_de_Planificacion_Participativa.pdf (consultado el 27 de marzo de 2021).

> **Recuadro 2.8. Elaboración y estructura de la Política Nacional de Integridad y Lucha contra la Corrupción de Perú**
>
> La Política Nacional de Integridad y Lucha contra la Corrupción aprobada en virtud del Decreto No. 092-2017-PCM del 14 de septiembre de 2017, es una política de Estado que comprende a todos los niveles de gobierno y las instancias públicas, constituyendo también una guía y orientación para el sector privado. La política se basa en el mandato de la Constitución y en otras políticas nacionales estratégicas y de desarrollo (Acuerdo Nacional; Plan Bicentenario: el Perú hacia el 2021; Política Nacional de Modernización de la Gestión Pública). Adicionalmente, vincula la política con el cumplimiento de los Objetivos de Desarrollo Sostenible y de otros instrumentos internacionales como la Convención de Naciones Unidas contra la Corrupción y la Convención Interamericana contra la Corrupción de la Organización de Estados Americanos. También confirma el compromiso de Perú de participar en otros foros internacionales, como la OCDE, el Foro de Cooperación Económica Asia-Pacífico, la Comunidad de Estados Latinoamericanos y Caribeños, y la Cumbre de las Américas.
>
> La formulación de la política fue coordinada por la Comisión de Alto Nivel Anticorrupción (CAN) —mecanismo nacional de coordinación para los temas de integridad y lucha contra la corrupción— y prevé un diagnóstico integral de la corrupción y sus causas en Perú, además define tres temas de acciones prioritarias: capacidad preventiva, gestión e identificación de riesgos y capacidad para detectar y sancionar casos. Cada uno de estos temas consta de objetivos específicos con sus respectivas directrices y responsabilidades. Adicionalmente, la política define normas mínimas sobre diferentes temas como la cultura de integridad, el conflicto de interés y los sistemas electorales, por ejemplo.
>
> Fuente: Gobierno del Perú (2017[30]), *Política Nacional de Integridad y Lucha contra la Corrupción*, https://cdn.www.gob.pe/uploads/document/file/45986/Politica-Nacional-de-Integridad-y-Lucha-contra-la-Corrupcio%CC%81n.pdf (consultado el 12 de abril de 2021).

3 Fortalecer los arreglos institucionales para la integridad en la Función Ejecutiva del Ecuador

Este capítulo analiza los arreglos institucionales para la integridad en la Función Ejecutiva de Ecuador, destacando los desafíos para definir el liderazgo y reconociendo el papel de las instancias clave para forjar una cultura de integridad. Destaca que en lugar de crear una nueva Secretaría ad hoc, Ecuador podría aprovechar el papel coordinador de la Secretaría General de la Presidencia de la República y las competencias actuales del Ministerio del Trabajo relacionadas con la integridad. El capítulo también describe la composición y funciones de los Comités de Ética y los Comités Antisoborno dentro de las entidades públicas y proporciona una perspectiva general de las políticas de integridad. Detecta que tanto los Comités como las políticas no adoptan un enfoque preventivo y que las unidades de cambio y cultura organizacional podrían desempeñar un papel más importante en la promoción e inclusión prioritaria de una cultura de integridad pública a nivel de las entidades.

Establecer responsabilidades precisas para dirigir y aplicar la integridad en la Función Ejecutiva

Los cambios institucionales de los últimos años impidieron el desarrollo del liderazgo institucional y la consolidación de políticas de integridad viables

El fragmentado contexto institucional expuesto en la capítulo 0 también ha estado afectando la evolución de un liderazgo en integridad en la Función Ejecutiva. A partir de 2007, Ecuador ha hecho varias tentativas de crear una Secretaría dentro de la Presidencia de la República con atribuciones en temas relacionados con la integridad y la lucha contra la corrupción. Esto incluyó la (primera) Secretaría Nacional Anticorrupción en 2007, la Secretaría Nacional de Transparencia de Gestión en 2008 y la Secretaría Nacional de la Administración Pública en 2013, cuyas responsabilidades se delegaron luego a otras Secretarías en 2017 (Recuadro 3.1).

> **Recuadro 3.1. Cambios institucionales en materia de integridad y lucha contra la corrupción en la Función Ejecutiva 2007-2017**
>
> En virtud del Decreto Ejecutivo No. 122 del 16 de febrero de 2007, el gobierno creó la Secretaría Nacional Anticorrupción adscrita a la Presidencia de la República. Ésta supervisaba la política anticorrupción del gobierno y formulaba estrategias para investigar, determinar e informar a las autoridades competentes sobre actos de corrupción. Sin embargo, a los pocos meses, mediante la Tercera Disposición Transitoria de la Constitución de 2008, los servidores públicos de la Secretaría Nacional Anticorrupción que no habían sido designados libremente fueron trasladados al Consejo de Participación Ciudadana y Control Social.
>
> Posteriormente, en virtud del Decreto Ejecutivo No. 1511 del 29 de diciembre de 2008, el gobierno creó la Secretaría Nacional de Transparencia de Gestión dentro de la Presidencia. Sus atribuciones incluían: i) investigar y denunciar los actos de corrupción cometidos por servidores públicos, e informar al Consejo de Participación Ciudadana y Control Social el resultado de las investigaciones, y ii) fortalecer la coordinación y cooperación entre las instituciones gubernamentales, los organismos de control, las entidades judiciales y todos los implicados en la investigación, juzgamiento y sanción de los actos de corrupción.
>
> En virtud del Decreto Ejecutivo No. 1522 del 17 de mayo de 2013, la Secretaría Nacional de Transparencia de Gestión se transformó en Subsecretaría y se fusionó por absorción en la Secretaría Nacional de Administración Pública.
>
> Por último, en virtud del Decreto Ejecutivo No. 5 del 24 de mayo de 2017, la Secretaría Nacional de la Administración Pública se eliminó y sus atribuciones se trasladaron a la Secretaría General de la Presidencia de la República, la Secretaría Nacional de Planeación y Desarrollo, el Ministerio de Telecomunicaciones y de la Sociedad de la Información, y el Ministerio del Trabajo, sin hacer mención específica alguna a las atribuciones relacionadas con la lucha contra la corrupción.

La última tentativa institucional para crear una entidad que dirija y coordine los trabajos de integridad y lucha contra la corrupción en la administración pública fue la creación —mediante el Decreto Ejecutivo No. 665 del 6 de febrero de 2019— de una nueva Secretaría Anticorrupción, cuyas atribuciones incluyeron fortalecer la cooperación entre las instituciones gubernamentales en materia de lucha contra la corrupción. El 22 de mayo de 2020 se suprimió la Secretaría Anticorrupción, mediante el Decreto Ejecutivo No. 1065 del 21 de mayo de 2020, sin ninguna entrega formal de sus roles directivos y coordinador a ninguna otra institución. En este momento, la Secretaría General de la Presidencia de la República es responsable de temas relacionados, como las políticas para la administración pública y el gobierno abierto, y coordina algunas actividades de integridad y lucha contra la corrupción, como las relacionadas con este informe sobre integridad y, conforme al Decreto Ejecutivo No. 1212 del 17 de diciembre de 2020, con la representación del país ante el Mecanismo de Seguimiento de la Implementación de la Convención Interamericana contra la Corrupción (MESICIC). No obstante, Ecuador aún debe identificar una entidad destacada que proponga, coordine y promueva políticas de integridad para las entidades de la función ejecutiva, que es un elemento esencial para institucionalizar la integridad en toda la administración pública.

En sí, otras instancias también perciben las dificultades para definir un liderazgo en esta área, como lo confirman las respuestas al cuestionario de la OCDE preparado para recabar información de distintas instituciones y entidades públicas de la Función Ejecutiva. De hecho, la mayoría de ellas no pudo identificar ningún mecanismo para coordinar y aplicar las políticas de integridad en la Función Ejecutiva. En cuanto a las instituciones que proporcionaron una respuesta, se hizo referencia al Decreto Ejecutivo No. 21 del 5 de junio de 2017, que declara el fortalecimiento de la transparencia de las políticas públicas y la lucha contra la corrupción como una política prioritaria del gobierno; o a las Disposiciones Presidenciales No. 1343 y 1419, mediante las cuales se confirió a la Secretaría Anticorrupción la atribución de hacer el seguimiento y de recibir informes sobre el avance de las entidades en la aplicación de la norma 37001 de la Organización Internacional de Normalización (ISO) sobre Sistemas de Gestión Antisoborno. Esta retroalimentación se confirmó durante la misión investigadora, donde instituciones de la Función Ejecutiva hicieron notar que desconocían la existencia de algún órgano coordinador de asuntos de integridad tras la supresión de la Secretaría Anticorrupción.

En la Función Ejecutiva no se reconoce al Ministerio del Trabajo como a una instancia de integridad, a pesar de su labor y atribuciones

La falta de liderazgo institucional en materia de integridad va a la par de la subestimación del papel de otras instancias de integridad clave en Ecuador, tanto a nivel ejecutivo como nacional. Éste es especialmente el caso del Ministerio del Trabajo, responsable de un amplio conjunto de áreas de política pública que incluyen muchas relacionadas con la integridad, como la meritocracia, la profesionalización, el fortalecimiento de la capacidad, la cultura organizacional, la gestión del cambio, el control del servicio público, así como la detección y sanción de casos disciplinarios.

Existe una estrecha relación entre la administración del talento humano y la integridad pública, y la *Recomendación de la OCDE sobre Integridad Pública* reconoce la importancia del mérito para forjar una cultura de integridad pública en las organizaciones como uno de los componentes de un sistema de integridad pública. Recomienda a los adherentes "promover un sector público profesional basado en la meritocracia, consagrado a los valores y a la buena gobernanza del sector público, en concreto:

- Garantizando la administración del talento humano donde se apliquen sistemáticamente principios básicos, como el mérito y la transparencia, que contribuyan a promover el profesionalismo del servicio público, evitar el favoritismo y el nepotismo, que proteja contra las injerencias políticas improcedentes y que atenúe los riesgos del abuso de poder y las conductas indebidas.
- Garantizando un sistema de contratación, selección y promoción justo y abierto, basado en criterios objetivos y en un procedimiento formalizado, y un sistema de evaluación que fomente la responsabilidad y la ética del servicio público". (OCDE, 2017[6])

De hecho, se ha demostrado que la meritocracia reduce la corrupción (Charron et al., 2017[32]; Dahlström, Lapuente and Teorell, 2012[33]; Meyer-Sahling and Mikkelsen, 2016[34]). Además, al instituir sistemas meritocráticos se reducen las oportunidades de clientelismo y nepotismo, y se sientan las bases necesarias para desarrollar una cultura de integridad.

El Ministerio del Trabajo tiene varias atribuciones para promover las políticas de administración del talento humano y una administración publica basada en el mérito, así como otros aspectos pertinentes para incorporar la integridad en forma prioritaria en toda la administración pública. Según la Ley Orgánica del Servicio Público del 6 de octubre de 2010 (LOSEP), reglamentada mediante el Decreto Ejecutivo No. 710 del 1 de abril de 2011, es responsable, entre otras, de las siguientes actividades:

- Proponer políticas de Estado y de gobierno en la administración del talento humano en el sector público.
- Efectuar el control en la administración central e institucional de la Función Ejecutiva mediante inspecciones, verificaciones, supervisiones o la evaluación de la gestión administrativa.
- Gestionar el Sistema Nacional de Información y el registro de todos los servidores públicos y catastro de las entidades.
- Establecer políticas nacionales y normas técnicas en materia de capacitación, además de coordinar la ejecución de los programas de formación y capacitación.
- Requerir de las unidades de administración del talento humano de la administración pública, información relacionada con el talento humano, remuneraciones e ingresos complementarios.

La Subsecretaría de Meritocracia y Desarrollo del Talento Humano, del Ministerio del Trabajo, es de especial pertinencia en este contexto porque su competencia abarca el mérito, el desarrollo del talento humano, la evaluación del desempeño, la capacitación y la cultura organizacional. Esto también se refleja en su misión institucional, que es crear un sistema meritocrático en el servicio público diseñando y aplicando herramientas técnicas y promoviendo las buenas prácticas en los procesos de contratación, desarrollo del talento humano y gestión del cambio en el servicio público, para garantizar la profesionalización y mejora continua de la gestión pública en la aplicación de los principios de eficiencia, transparencia, acceso a la información e igualdad de oportunidades. La Subsecretaría de Evaluación y Control del Servicio Público también es pertinente para la integridad pública porque es responsable de los controles internos referentes al cumplimiento de las disposiciones de la LOSEP y de otras normativas para promover la mejora de la gestión institucional en las entidades del servicio público (Ministerio del Trabajo del Ecuador, 2018[35]).

Adicionalmente, el Ministerio del Trabajo es el órgano rector de las unidades de administración del talento humano además de las unidades de cambio y cultura organizacional dentro de todas las entidades públicas de la Función Ejecutiva, haciéndolo especialmente importante y decisivo para incorporar como prioridad las políticas de integridad en la administración pública ya que, a su vez, son responsables o tienen la labor —a nivel de las entidades— de la contratación, la gestión del desempeño, la cultura organizacional y gestión del cambio, el código de ética y los comités éticos, la capacitación y las situaciones de conflictos de interés.

Como parte del Plan de Acción de Gobierno Abierto 2019-2022, el Ministerio del Trabajo también es responsable de la co-creación de una estrategia con la participación y aportes de diversos actores para la mejora de la calidad de los servicios públicos en la Función Ejecutiva resultante de las evaluaciones realizadas por los ciudadanos, tanto desde canales presenciales como virtuales.

A pesar de la labor que el Ministerio del Trabajo desempeña para la integridad pública, tanto en lo referente a la formulación como a la aplicación de políticas públicas, las respuestas al cuestionario de la OCDE y durante las entrevistas de la misión investigadora demostraron que nunca ha participado en iniciativas anticorrupción y casi no se le identifica como a una instancia clave en la lucha contra la corrupción en la Función Ejecutiva ni en el nivel nacional. Esto puede explicarlo en parte la gran prioridad que las iniciativas anticorrupción dan a la detección y sanción de casos en Ecuador, así como las amplias competencias del Ministerio del Trabajo, que a menudo se asocia con políticas cuyo propósito es promover el empleo tanto en el sector público como en el privado.

Ecuador podría asignar a la Secretaría General de la Presidencia de la República funciones de coordinación y asesoría al tiempo que fortalece el papel del Ministerio del Trabajo en la promoción de valores y normas de integridad, para crear un sistema de integridad en la Función Ejecutiva

El análisis de la información recabada mediante los cuestionarios de la OCDE y las entrevistas durante la misión investigadora destacó que la falta de institucionalización de los trabajos de integridad y lucha contra la corrupción observada a nivel nacional también compete a la Función Ejecutiva. Ecuador no ha definido arreglos institucionales claros y las responsabilidades para dirigir la agenda de integridad ni la coordinación entre las diferentes entidades de la administración pública. Además, tampoco ha aprovechado suficientemente el papel de todas las instancias pertinentes en su estrategia y trabajos para incluir la integridad en forma prioritaria en las entidades públicas.

De hecho, cualquier nivel y función de la administración pública incluye distintas instancias con responsabilidades de integridad. Este es el caso de los niveles central, desconcentrado o ministerial de la administración, pero también de las demás funciones del Estado. En cada uno de estos aspectos, las instancias de integridad generalmente se dividen en "centrales", como las instituciones, unidades o personas responsables de aplicar las políticas de integridad, y las instancias "complementarias", cuyo propósito primario no es apoyar directamente al sistema de integridad, pero sin las cuales el sistema no podría funcionar (lo que incluye funciones como finanzas, administración del talento humano y contratación pública) (Maesschalck and Bertok, 2009[36]). Las asignaciones específicas de responsabilidad dependen del contexto institucional y legal de cada sistema que se considere. Sin embargo, independientemente de dónde se asignen las responsabilidades, las instancias que realizan funciones de integridad deben tener el nivel de autoridad adecuado para llevarlas a cabo (OCDE, 2020[12]).

Teniendo en cuenta las dificultades para institucionalizar la integridad en la Función Ejecutiva, el gobierno de Ecuador podría estipular de manera explícita y asignar responsabilidades de integridad aprovechando los papeles y fortalezas del actual contexto institucional, en particular, de la Secretaría General de la Presidencia de la República y del Ministerio del Trabajo.

En primer lugar, la Secretaría General de la Presidencia podría encargarse de dirigir y coordinar la agenda de integridad en todas las entidades de la Función Ejecutiva, pero también de asesorar al Presidente de la República en iniciativas jurídicas o de política pública que podrían solventar problemas observados en sus interacciones continuas con las entidades públicas. Estas atribuciones de la Secretaría General de la Presidencia situarían el liderazgo estratégico en integridad cerca del Presidente y así demostraría el máximo compromiso para promover la integridad y la lucha contra la corrupción. Al mismo tiempo, la Secretaría General de la Presidencia tendría el cargo institucional y la autoridad adecuadas para coordinar el programa de integridad del gobierno, además de los trabajos de todos las demás instituciones y entidades públicas que pertenezcan a la Función Ejecutiva mediante el Gabinete de Ministros. Adicionalmente, dado el papel destacado previsto para el Presidente de la República en el Sistema Nacional de Integridad y Lucha contra la Corrupción, éste permitiría asegurar la coherencia indispensable entre la estrategia nacional y las leyes y políticas adoptadas para la Función Ejecutiva.

Contrario a las atribuciones que se asignaron a la Secretaría Anticorrupción, la Secretaría General de la Presidencia no asumiría un rol que incluya tareas de investigación ni la recepción de informes de posibles casos de corrupción, que a su vez difiere de la competencia de la Dirección de Atención Ciudadana de la Secretaría General de la Presidencia para escuchar las preguntas e inquietudes de los ciudadanos. Estas tareas de investigación deben seguir siendo competencia de las autoridades de detección y sanción de casos de la Función Judicial y de la Función de Transparencia y Control Social. En este sentido, las responsabilidades deben centrarse en las tareas de coordinación y asesoría conforme al actual papel estratégico y consultivo de la Secretaría General (Recuadro 3.2). Dadas las posibles sinergias con otros asuntos relacionados con la administración pública y el gobierno abierto, esta función podría asignarse a la Subsecretaría General de Gestión Gubernamental dentro de la Secretaría General de la Presidencia de la República.

> **Recuadro 3.2. El cargo estratégico de la Secretaría General de la Presidencia de la República**
>
> La Secretaría General de la Presidencia tiene atribuciones amplias que incluyen las siguientes tareas estratégicas y consultivas para apoyar al Presidente de la República:
>
> - Encargarse de los aspectos políticos y estratégicos de la Presidencia.
> - Analizar áreas, temas, hechos e instancias que tengan interés político y estratégico con el objetivo de orientar y facilitar la toma de decisiones del Presidente.
> - Dar seguimiento a las áreas, temas, hechos e instancias que tengan interés político y estratégico que haya priorizado el Presidente.
>
> El Secretario General tiene rango de ministro, es miembro del Gabinete Presidencial y es nombrado por el Presidente. Las atribuciones del Secretario General incluyen la coordinación con el Gabinete Presidencial, las autoridades del sector público y con actores del sector privado y de la sociedad civil.
>
> Fuente: Presidencia de la República del Ecuador (2016[37]), Decreto 1067 del 8 de Junio de 2016, https://www.presidencia.gob.ec/wp-content/uploads/downloads/2016/07/a1_decreto_1067.pdf (consultado el 12 de abril de 2021).

En segundo lugar, el gobierno de Ecuador podría fortalecer el papel del Ministerio del Trabajo asignándole un mandato explícito para promover y apoyar una cultura de integridad pública dentro de todas las instituciones y entidades de la Función Ejecutiva. Como se ha explicado, Ecuador actualmente no tiene una entidad a la que se haya conferido esa atribución, y el Ministerio del Trabajo es el más indicado porque es el órgano rector de las políticas y administración del talento humano, incluso de la creación de una administración basada en el mérito, que es un elemento fundamental para crear una cultura de integridad, además del control, evaluación y fortalecimiento institucional.

El Ministerio del Trabajo también coordina las unidades de administración del talento humano, así como las unidades de cambio y cultura organizacional de todas las entidades públicas que ya gestionan políticas relacionadas con la integridad, como el código de ética, el conflicto de interés, la cultura organizacional, la gestión del cambio, la capacitación, así como la detección y sanción de casos disciplinarios. En sí, las políticas e iniciativas promovidas por el Ministerio del Trabajo podrían incorporarse fácilmente en forma prioritaria en las entidades y procesos de la administración pública. Teniendo en cuenta la estructura actual del Ministerio, a la Subsecretaría de Meritocracia y Vinculación del Talento Humano se le podría asignar competencia en el rubro de integridad; y el nombre de esta Dirección también debería hacer referencia a la integridad para formalizar el mandato y crear consciencia sobre el papel del Ministerio en cuestiones de integridad y lucha contra la corrupción.

En cuanto a las tareas específicas, el Ministerio del Trabajo podría formular, promover y apoyar políticas e iniciativas cuyo cometido sea incluir en forma prioritaria las normas y valores de integridad a través de instrumentos formales, como los códigos, pero también mediante acuerdos y programas de capacitación que favorezcan una cultura de integridad centrada en la prevención. También podría aprovechar su mandato de control y fortalecimiento institucional para reforzar el papel y el efecto de las políticas respectivas en los sistemas de integridad a nivel de las entidades. La labor del Ministerio del Trabajo debe organizarse en coherencia y cooperación con la Secretaría General de la Presidencia, además de mantener la coordinación con otras entidades que dirijan otras funciones relacionadas con la integridad o en sectores de riesgo tanto en la Función Ejecutiva como en la Función de Transparencia y Control Social, por ejemplo, el Directorio del Servicio Nacional de Contratación Pública, la Contraloría General de Estado y la Defensoría del Pueblo.

Al diseñar las atribuciones concretas de la Secretaría General de la Presidencia de la República y el Ministerio del Trabajo, Ecuador podría considerar el modelo institucional adoptado en Chile, que tiene similitudes con la estructura administrativa e institucional de Ecuador y que incluye una comisión de coordinación y asesoría conducida por la Presidencia, pero también una entidad del servicio civil con el papel clave de promover e incluir en forma prioritaria los 'sistemas' y políticas de integridad en las entidades del sector público (Recuadro 3.3).

Recuadro 3.3. Las funciones de asesoría, coordinación y cultura de integridad en el sistema de integridad pública de Chile

Las instituciones más destacadas que generan políticas públicas en materias relacionadas al sistema de integridad pública de Chile son la Contraloría General de la República (CGR), el Ministerio de Relaciones Exteriores (MINREL), la Comisión de Integridad Pública y Transparencia del Ministerio Secretaría General de la Presidencia (MINSEGPRES), la Comisión para el Mercado Financiero (CMF), el Consejo de Defensa del Estado (CFE), el Consejo para la Transparencia (CPLT), la Dirección de Compra y Contratación Pública (CHILECOMPRA), el Poder Judicial, la Fiscalía de Chile, la Unidad de Análisis Financiero (UAF), el Servicio Civil, y la Subsecretaría de Desarrollo Regional y Administrativo. Entre ellas, dos instancias son especialmente pertinentes en el presente contexto:

- La **Comisión Asesora Ministerial para la Probidad Administrativa y la Transparencia en la Función Pública** es un órgano consultivo del Ministerio Secretaría General de la Presidencia, que asesora al Ministerio en temas relacionados con la integridad y la transparencia en la función pública, y en la coordinación entre las diferentes instituciones de la administración del Estado en lo referente a cumplimiento de la normativa sobre integridad.

- **La Dirección Nacional del Servicio Civil** es responsable de aplicar las políticas sobre la gestión y desarrollo de los servidores públicos y los altos directivos. Como parte de su misión, guía a los Ministerios y entidades públicas para que elaboren códigos de ética y establezcan sistemas de integridad a nivel de las entidades. La Dirección Nacional del Servicio Civil ha estado apoyando en la creación y aplicación de códigos de ética participativos, así como en la implementación y supervisión de los sistemas de integridad basados en códigos de ética. Además de esta función rectora, también prepara un informe anual sobre la implementación de sistemas de integridad en todo el sector público.

La Dirección Nacional del Servicio Civil también tiene el mandato de fortalecer las capacidades y promover el cumplimiento de las normas de integridad y transparencia en las entidades públicas. De manera periódica, se imparte capacitación a los servidores públicos, sobre todo a los que realizan funciones de coordinación en temas de integridad. En 2019, participaron en estas actividades de capacitación alrededor de 2000 servidores públicos. Al mismo tiempo, el Servicio Civil ha estado trabajando con el Programa de las Naciones Unidas para el Desarrollo (PNUD) y la Alianza Anticorrupción de la Convención de las Naciones Unidas contra la Corrupción (CNUCC) en cursos interactivos en línea que abarcan dos áreas: módulos de formación cívica sobre integridad y módulos de capacitación sobre temas de integridad y códigos de ética. Adicionalmente, se han organizado capacitaciones individualizadas *ad hoc* en cooperación con instituciones como CHILECOMPRA, la Unidad de Análisis Financiero, la Contraloría, y el Consejo de Defensa del Estado. También se han diseñado actividades de orientación y capacitación para las entidades desconcentradas, como la elaboración participativa del código de ética en las municipalidades.

Al cumplir con sus respectivas atribuciones y funciones, estas dos instancias han colaborado estrechamente, por ejemplo, en la elaboración y aprobación de la Ordenanza 2305 de 2018 sobre "Recomendaciones para la implementación e inclusión prioritaria del sistema de integridad en las entidades de la administración pública". También han colaborado con otras instancias pertinentes del sistema de integridad pública de Chile, lo que ha producido iniciativas como el Compendio de Actos Jurídicos de Integridad y Ética Pública, que fue preparado en forma conjunta por la Contraloría General de la República y la Dirección Nacional del Servicio Civil.

Fuente: (Alianza Anticorrupción de Chile, s.f.[38]); (Comisión Asesora Presidencial para la Integridad Pública y Transparencia de Chile; Dirección Nacional del Servicio Civil de Chile, 2018[39]); (Dirección Nacional del Servicio Civil de Chile; Contraloría General de la República de Chile, 2017[40]); (Dirección Nacional del Servicio Civil de Chile, s.f.[41]).

Crear sistemas de integridad a nivel organizacional

Las entidades públicas en la Función Ejecutiva han adoptado distintos arreglos institucionales en materia de integridad, pero su función se centra principalmente en evaluar y sancionar las conductas indebidas.

Uno de los desafíos más importantes que enfrentan los países al crear una cultura de integridad pública es aplicar eficazmente las normas y políticas nacionales a nivel de las entidades públicas, donde la cultura organizacional se concreta y la integridad pública se vuelve parte del comportamiento de los servidores públicos. Aunque desempeñen un papel y una función diferentes, las entidades del sector público también tienen la responsabilidad de incluir en forma prioritaria las políticas de integridad existentes en su organización, estableciendo e institucionalizando un sistema de integridad interno con funciones clave, independientemente del mandato. El Cuadro 3.1 ofrece una perspectiva general de estas funciones esenciales, junto con el puesto o unidad responsable de su implementación en la experiencia de los países de la OCDE.

Cuadro 3.1. Actores y labores de integridad que forman un sistema de integridad a nivel organizacional

Puesto o unidad	Labor de integridad
Servidor de rango más alto	Responsable en última instancia del programa, implementación y aplicación de las políticas de integridad en toda la organización. Responsable de cumplir con y mostrar los más altos niveles de compromiso y conducta en materia de integridad pública.
Dirección	Responsable de aplicar las políticas de integridad y de promover la conducta ética dentro de las unidades organizacionales de las que son responsables. Responsable de cumplir con y mostrar los más altos niveles de compromiso y conducta en materia de integridad pública.
Servidor encargado de integridad Coordinador de integridad Responsable de cumplimiento Personal de la política de integridad	Una gran variedad de distintos tipos de servidores públicos que desempeñan funciones relacionadas con el diseño, apoyo y asesoría, implementación, cooperación, y aplicación de las políticas de integridad.
Auditoría y control internos	Responsable de establecer un sistema de control interno y un marco de gestión de riesgos para reducir la vulnerabilidad al fraude y la corrupción, y de garantizar que los gobiernos funcionen de manera óptima para ejecutar programas que beneficien a los ciudadanos.
Finanzas	Responsable de cuidar las acciones vulnerables en torno a las compras, licitaciones y reclamos de gastos de forma transparente.
Jurídica	Responsable de formular la política jurídica-administrativa, asesorar basándose en la legislación pertinente y redactar reglamentos de delegación y mandato, y aplicar una perspectiva de integridad para asegurar que las políticas cumplan con las normas de integridad.
Administración del Talento Humano	Responsable de establecer procedimientos y de asesorar en cuestiones de contratación y selección, descripción de puestos, entrevistas de desempeño y evaluación, investigación disciplinaria, sanciones y cultura organizacional y de aplicar una óptica de integridad para asegurar que los procesos cumplan con las normas de integridad.

Puesto o unidad	Labor de integridad
Comunicación / Información	Responsable de comunicar lo referente a las normas y procedimientos de integridad.
Seguridad / TIC	Responsable de instalar la seguridad física y las TIC.
Asesor confidencial	Responsable de asesorar a los empleados y formarlos en el proceso de informes internos en caso de sospecha de violaciones a la integridad.

Fuente: OCDE (2020[12]), *Manual de la OCDE sobre Integridad Pública*, OECD Publishing, París, https://doi.org/10.1787/8a2fac21-es.

Ecuador ha dado pasos para institucionalizar la integridad al establecer los Comités de Ética y aprobar la norma internacional ISO 37001 sobre el Sistema de Gestión Antisoborno.

Código y comités de ética

La obligación de establecer los Comités de Ética en cada entidad pública se introdujo mediante la Resolución 2 del 7 de mayo de 2013 (publicada en el Suplemento 960 del Registro Oficial del 23 de mayo de 2013). Son responsables de recibir, conocer, investigar y resolver toda posible violación al Código de Ética para el Buen Vivir de la Función Ejecutiva, o Código de Ética, además de aplicar y difundir el Código dentro de la entidad. El Código es obligatorio para todos los servidores públicos de la Función Ejecutiva desde 2013, y su propósito es establecer y promover principios, valores, responsabilidades y compromisos éticos para lograr los objetivos institucionales y contribuir al uso eficiente de los recursos públicos. El Código establece una lista de principios y valores éticos, como la integridad, transparencia, calidad, solidaridad, colaboración, eficacia, respeto, responsabilidad y lealtad. Además, define las atribuciones relacionadas con el Código (Cuadro 3.2) para los miembros del Comité de Ética, que son:

- Coordinador de gestión estratégica (preside y puede votar).
- Máxima autoridad o delegado (puede intervenir y votar).
- Dos servidores públicos y dos suplentes (pueden intervenir y votar).
- Director de Administración del Talento Humano (puede intervenir, pero no votar).
- Coordinador jurídico (que interviene, pero no vota).

Cuadro 3.2. Atribuciones de los miembros de los Comités de Ética

	Principales atribuciones
Todos los miembros	- Aplicar y difundir el Código de Ética dentro de la entidad y en los diferentes niveles descentralizados. - Reconocer y alentar conductas éticas positivas. - En el caso de posibles violaciones que puedan tener aplicabilidad civil o penal, verificar cualquier incumplimiento del Código de Ética y reportarlo al órgano interno competente con una propuesta de solución. - Proponer la mediación entre las partes involucradas. - Hacer propuestas para la actualización y la mejora permanente del Código de Ética.
Coordinador de Gestión Estratégica	- Instituir el primer Comité del Código de Ética. - Dirigir la organización y operación del Comité de Ética y definir su procedimiento. - Recabar anualmente las observaciones sobre el Código de Ética y hacer propuestas para su actualización y mejora. - Acatar y aplicar el Código. - Promover la formulación de documentos rectores con ejemplos prácticos.
Autoridad máxima	- Proponer recomendaciones que den lugar a sugerencias en los casos. - Proponer mejoras y procesos internos.
Director de Administración del Talento Humano	- Asesorar en áreas relacionadas con la administración del talento humano. - Tomar en cuenta las sugerencias de los informes definitivos elaborados por el Comité de Ética para cada caso.
Coordinador jurídico	- Proporcionar asesoría jurídica. - Redactar los informes finales.

	Principales atribuciones
Secretaría Nacional de Gestión Transparente (ahora suprimida)	• Coordinar el Comité de Ética Ampliado que se celebra cada seis meses con las entidades de la Función Ejecutiva. • Supervisar y evaluar el funcionamiento de los Comités de Ética. • Proponer mejoras al Código de Ética. • Asesorar y capacitar a las instituciones junto con la Secretaría Nacional de Administración Pública y el Ministerio del Trabajo sobre el desempeño ético de sus entidades.

Fuente: Ministerio de Salud Pública del Ecuador (2012[42]), *Código de Ética para el Buen Vivir de la Función Ejecutiva*, https://issuu.com/saludecuador/docs/doc_codigo_etica (consultado el 12 de abril de 2021).

Entidades como la Presidencia de la República, el Ministerio de Transporte y Obras Públicas, el Ministerio de Ambiente y Agua, y el Ministerio del Trabajo publicaron acuerdos ministeriales (No. SGPR-2014-0002, No. 067 del 30 de julio de 2013; No. 079 del 23 de abril de 2014, y No. 0133 MRL-2013, respectivamente) para la conformación de sus Comités de Ética institucionales y la definición de sus propios valores junto con los del Código de Ética nacional. Adicionalmente, esos acuerdos proporcionan una lista de acciones concretas que los servidores públicos deben observar para la aplicación de los principios y valores de sus respectivos códigos. Por ejemplo, el Servicio Nacional de Contratación Pública actualizó su Comité de Ética mediante la Resolución Interna No. RI-SERCOP-2019-00004 y su Código de Ética mediante las Resoluciones Internas No. R.I.-SERCOP-2019-00005 y R.I.-SERCOP-2019-00008, estipulando las conductas previstas y las prohibiciones específicas para el ejercicio diario de las obligaciones de sus servidores. Algunos gobiernos autónomos descentralizados también han establecido Comités de Ética, por ejemplo, el de la Provincia de Pichincha está integrado por el Prefecto Provincial, el Director de Administración del Talento Humano, así como por dos representantes de los servidores públicos.

Aunque varias instituciones tienen un Comité de Ética, el requisito se modificó en 2016 mediante el Acuerdo Ministerial No. 0001606 del 17 de mayo de 2016, que decidió simplificar esos comités al asignar la atribución de supervisar y asegurar la implementación y aplicación del Código de Ética a las unidades de administración del talento humano en cada entidad pública.

Los Comités de Gestión Anticorrupción y Transparencia conforme a la norma ISO 37001

A raíz del Informe Presidencial a la Nación de 2019 (Presidencia de la República del Ecuador, 2019[43]), las entidades públicas también están obligadas a aplicar la norma 37001 Antisoborno de la Organización Internacional de Normalización (ISO) que incluye, entre otros puntos, la creación de un órgano anticorrupción en cada entidad (Recuadro 3.4). Para tal efecto, la antigua Secretaría Anticorrupción celebró acuerdos institucionales con siete empresas públicas, (la Empresa Coordinadora de Empresas Públicas, la Corporación Nacional de Electricidad, la Corporación Eléctrica del Ecuador, la Corporación Nacional de Telecomunicaciones, la Flota Petrolera Ecuatoriana, Petroamazonas y Petroecuador) y con entidades municipales para apoyar la aplicación de esta norma. Otras entidades públicas del Ejecutivo como SERCOP, el Ministerio de Economía y Finanzas, el Ministerio de Producción, Comercio Exterior, Inversiones y Pesca han aprobado la norma ISO 37001 y otras están en proceso de hacerlo. Para adoptar la norma ISO, las entidades públicas buscan el apoyo de empresas consultoras especializadas y deben ser certificadas por una de las dos compañías autorizadas en Ecuador cada tres años. Las entidades públicas pueden optar por certificar a toda la organización o áreas o procedimientos específicos. Tanto el proceso de aprobación como el de certificación tienen un costo para las entidades públicas. Además del proceso de certificación, en algunas entrevistas durante la misión investigadora se mencionó que las entidades públicas informan sobre las actividades y resultados relacionados con la aplicación de las normas a la Presidencia de la República. Sin embargo, no queda claro si es obligatorio para todas las entidades públicas que hayan adoptado la norma y si esta información se analiza o utiliza para verificar su aplicación o para algún otro propósito.

> **Recuadro 3.4. La norma ISO 37001 y la contribución de Ecuador en su desarrollo**
>
> La norma ISO 37001 de 2016 especifica los requisitos y proporciona asesoría para establecer, implementar, mantener, revisar y mejorar un sistema de gestión antisoborno. Adicionalmente, se refiere a varias medidas para ayudar a las organizaciones a prevenir y detectar sobornos. Se aplica a todas las organizaciones, independientemente de su tipo, tamaño y ramo de negocios o actividad, ya sea en los sectores público, privado o sin fines de lucro.
>
> El objetivo de la norma es apoyar a las entidades a aplicar medidas razonables y equilibradas para prevenir el soborno. Estas medidas incluyen el liderazgo de la dirección, la capacitación, la evaluación de riesgos, el debido proceso, los controles financieros y empresariales, la presentación de informes, la auditoría y la investigación.
>
> El Servicio Ecuatoriano de Normalización, organismo técnico público del Sistema de Calidad Nacional y miembro de la Organización Internacional de Normalización (ISO) para el Ecuador, fue designado como coordinador y participó en su redacción en el "Comité Nacional Equivalente de la Norma ISO 37001". Junto con otros países hispanoparlantes como Colombia, Argentina o México, también contribuyó a la traducción oficial.
>
> Fuente: Servicio Ecuatoriano de Normalización (s.f.[44]), *La adopción de la norma ISO 37001 permitirá definir estrategias contra la corrupción*, https://www.normalizacion.gob.ec/la-adopcion-de-la-norma-iso-37001-permitira-definir-estrategias-contra-la-corrupcion/ (consultado el 12 de abril de 2021)

Tomando como ejemplo el Comité Anticorrupción creado por el Ministerio de Economía y Finanzas conforme a la norma ISO 37001, su misión es dirigir y supervisar el Sistema de Gestión Antisoborno Institucional de la entidad. El organismo está integrado por los siguientes miembros:

- El Coordinador General Administrativo Financiero (o su delegado), quien preside el Comité.
- El delegado permanente del Ministerio de Economía y Finanzas.
- El Coordinador General Jurídico (o su delegado), quien actuará como secretario.
- Los Viceministros de Economía y Finanzas (o sus delegados).
- El Coordinador General de Planificación y Gestión Estratégica (o su delegado).

El reglamento de aplicación define las atribuciones del organismo, además de las del presidente y el secretario. También establece las funciones y atribuciones del Comité, que incluyen:

- Aprobar la normativa interna para el funcionamiento del Sistema de Gestión Antisoborno y, en general, las relacionadas con la lucha contra la corrupción en la entidad.
- Resolver las denuncias que el presidente del Comité someta al pleno del Comité.
- Revisar el informe mensual sobre la situación de las denuncias recibidas y emitir directrices y lineamientos para su investigación administrativa, sin perjuicio de la vía judicial.
- Revisar periódicamente los riesgos determinados por el Sistema de Gestión Antisoborno, y aprobar las actualizaciones de la metodología de gestión de riesgos.
- Asegurar el cumplimiento de todos los requisitos establecidos en los procesos del Sistema de Gestión Antisoborno.
- Asegurar la comunicación de la Política Antisoborno institucional a través de los medios de difusión de la institución, y de la normativa y procedimientos que se generen dentro del Sistema.

- Tomar las medidas necesarias para evitar las represalias, discriminación, sanciones disciplinarias, informes o cualquier otro hecho administrativo contra algún miembro de la institución o terceros que hayan presentado una denuncia.
- Reportar periódicamente al titular de la institución sobre el Sistema de Gestión Antisoborno y las denuncias de soborno que se hayan identificado como graves o sistemáticas.

Por último, el reglamento también aprueba un programa sobre integridad (Recuadro 3.5) y otro sobre antisoborno, que también son responsabilidad del Comité Anticorrupción.

> **Recuadro 3.5. El programa de integridad del Ministerio de Economía y Finanzas basado en la norma ISO 37001**
>
> El Programa de Integridad del Ministerio de Economía y Finanzas se propone apoyar la aplicación de un conjunto de medidas y acciones para prevenir, controlar y gestionar todo posible riesgo de comisión de conductas corruptas a las que está expuesta la institución en sus operaciones. La responsabilidad de su aplicación es del Comité Anticorrupción, en coordinación con el Comité de Transparencia Institucional, cuando sea pertinente.
>
> El programa prevé un "sistema de gestión" de supervisión y evaluación del plan, la puesta en marcha de un sistema de gestión de riesgos y de un sistema de gestión de conflictos de interés, además de la promoción de capacidad institucional para la prevención junto con actividades de comunicación y fortalecimiento de las capacidades. El plan se refiere a la revisión del Código de Ética, establece ciertas prohibiciones con respecto a pagos de facilitación y regalos, y afirma el principio de transparencia. Por último, contempla la elaboración de protocolos que permitan a servidores públicos e instancias privadas presentar denuncias en caso de actos fraudulentos o corruptos, especificando con claridad como presentar la denuncia, los requisitos, los canales para su presentación, las medidas de protección para los denunciantes y los responsables de su recepción.
>
> Fuente: Ministerio de Economía y Finanzas del Ecuador (2019[45]), (2019), *Normas que rigen la lucha contra la corrupción y el sistema de gestión antisoborno en el Ministerio de Economía y Finanzas*, https://www.finanzas.gob.ec/wp-content/uploads/downloads/2019/07/Acuerdo-Lucha-Contra-la-Corrupci%C3%B3n.pdf (consultado el 12 de abril de 2021).

Ecuador podría conferir el mandato de promover y coordinar la integridad y otras iniciativas preventivas a las unidades de cambio y cultura organizacional dentro de las entidades públicas

Aparte de estos trabajos de coordinación e institucionales, varias leyes y políticas de Ecuador están apoyando la integridad pública. Si bien cada una de esas leyes y políticas exige una revisión exhaustiva de su alcance e implementación, también para identificar posibles duplicidades o lagunas, las entrevistas realizadas durante la misión investigadora proporcionaron la indicación general de que pocas de ellas adoptan un enfoque preventivo y que contribuyan a forjar una cultura organizacional de integridad.

Considerando el enfoque de este informe y siguiendo la estructura de la *Recomendación de la OCDE* (OCDE, 2017[6]), el análisis efectuado en la presente sección se centra en evaluar los fundamentos institucionales de las principales leyes y políticas de integridad a nivel de las entidades públicas. De hecho, para ser eficaces, las leyes y políticas de integridad deben institucionalizarse y aplicarse a nivel de las entidades y, de ese modo, incluirlas en forma prioritaria en toda la administración pública (OCDE, 2019[1]).

Gestión de conflictos de interés y declaraciones patrimoniales

> *La Recomendación de la OCDE pide fijar "… procedimientos claros y proporcionados (…) gestionar conflictos de interés reales o potenciales" y proporcionar "mecanismos formales e informales de orientación y consulta, de fácil acceso, que contribuyan a facilitar la aplicación por parte de los servidores públicos de las normas de integridad pública en su trabajo diario, además de la gestión de situaciones donde existan conflictos de intereses". (OCDE, 2017[6])*

En Ecuador, la Ley Orgánica del Servicio Público No. 294 del 6 de octubre de 2010, que se complementa con el Decreto Ejecutivo No. 710 del 1 de abril de 2011, incluye algunas prohibiciones pertinentes sobre la designación, nombramiento y contratación en las entidades públicas. También establece las responsabilidades y sanciones en caso de incumplimiento, las prohibiciones especiales para el desempeño de un cargo en el sector público y otras en el caso de pluriempleo.

Con respecto a las declaraciones, dos de los requisitos para ingresar a un cargo público son la presentación de una declaración juramentada, en la cual se manifiesta que el candidato no se encuentra incurso en causas legales de impedimento, inhabilidad o prohibición para ejercer un cargo público, así como la presentación de la correspondiente declaración patrimonial juramentada. Como se estipula en el Artículo 3 de la Ley Orgánica del Servicio Público, los servidores públicos están obligados a presentar la declaración patrimonial al principio y al final de su periodo laboral y a actualizarla cada dos años. La Ley establece que la información contenida en las declaraciones es pública y que la falta de presentación de la declaración al principio del periodo laboral dará lugar a la rescisión inmediata del nombramiento o contrato y al cese de funciones, además de la destitución del titular de la unidad de administración del talento humano que hubiera contratado al servidor público sin ese requisito. Adicionalmente, conforme a la Ley Orgánica para la Aplicación de la Consulta Popular del 19 de febrero de 2017, se prohíbe a los ciudadanos ingresar al servicio público si poseen bienes en países que sean considerados paraísos fiscales.

La Contraloría General del Estado (CGE) define el formato y procedimientos para las declaraciones patrimoniales de los servidores públicos. En las entidades públicas, las unidades de administración del talento humano de cada institución son responsables de verificar que las declaraciones se hayan presentado ante la CGE, que efectúa la revisión de las declaraciones y los procesos de verificación de la información para identificar posibles casos de enriquecimiento ilícito.

Fortalecimiento de las capacidades

> *La Recomendación de la OCDE pide se proporcione "a los servidores públicos la información, formación, orientación y asesoramiento oportunos para que estos apliquen las normas de integridad pública en el lugar de trabajo", en concreto "ofreciendo a los servidores públicos, al comienzo y a lo largo de sus carreras profesionales, formación en materia de integridad para promover una mayor concienciación, y dotarles de las competencias necesarias para el análisis de dilemas éticos, de manera que las normas en materia de integridad pública resulten aplicables y útiles en sus propios contextos personales". (OCDE, 2017[6])*

En Ecuador, las actividades de capacitación y fortalecimiento de las capacidades en temas relacionados con la integridad son gestionados por cada entidad y suelen vincularse con el Código de Ética. Los ejemplos incluyen:

- El Ministerio de Salud Pública ha organizado varios cursos y talleres virtuales sobre el Código de Ética en los últimos cinco años, y planea diseñar nuevas metodologías de capacitación en 2021.
- La Dirección Nacional del Talento Humano del Servicio de Rentas Internas ofrece cursos relacionados con la integridad y la ética en su plan anual de capacitación institucional. En los últimos tres años ofrecieron actividades de control conforme a la Ley Orgánica del Servicio Público, ética profesional en la administración pública, ética pública, además de reputación e identidad institucionales.

- El Servicio Nacional de Contratación Pública ofrece un curso, como taller interno, sobre la norma ISO 37001, que ha estado impartiendo desde 2019 y a la fecha cuenta con cuatro ediciones y la participación de 688 servidores públicos.
- El Ministerio de Economía y Finanzas creó un programa de capacitación vinculado con su sistema de gestión antisoborno. Debe ser aprobado por todos los servidores públicos del Ministerio, incluida la máxima autoridad. A octubre de 2020, se habían capacitado 537 servidores públicos.

Las respuestas al cuestionario de la OCDE también mencionaron que los asuntos de transparencia, ética e integridad se abordan como parte del curso de inducción para nuevos servidores públicos. De hecho, conforme a la Norma Técnica del Subsistema de Formación y Capacitación, estos cursos son impartidos por las Unidades de Administración del Talento Humano (UATH) de cada institución, y están previstos para crear conciencia sobre los principios y valores acordes con la visión, misión y metas específicas de cada institución. Además, el Ministerio del Trabajo estableció el programa "Ejecutivos de Excelencia", una iniciativa basada en los méritos que promueve la selección de candidatos con habilidades directivas para cubrir puestos en el Nivel Jerárquico Superior (NJS), acatando los principios de idoneidad, transparencia y equidad (OCDE, de próxima publicación[4]). Adicionalmente, la Contraloría General organiza un programa de capacitación pertinente sobre "ética pública, participación ciudadana y control social", que incluye cursos para la ciudadanía y servidores públicos. Este programa aborda aspectos conceptuales, normativos y metodológicos sobre el control de la gestión pública, el control social y la participación ciudadana, el papel social de la Contraloría General del Estado y temas relacionados con la ética pública. Según el Plan Anual de Capacitación Institucional de 2019, se han impartido 55 cursos de capacitación sobre esos temas, en los que han participado 3 372 servidores públicos en forma presencial y virtual (ONUDD, 2020[20]).

Las respuestas al cuestionario de la OCDE también mencionaron la labor que realizó la Secretaría Anticorrupción apoyando las iniciativas de fortalecimiento de las capacidades y a la que ninguna otra institución ha sustituido en ese aspecto, después de su supresión. De hecho, las entrevistas de seguimiento durante la misión investigadora confirmaron la existencia de actividades de fortalecimiento de las capacidades ofrecidas por algunas instituciones, pero también que la falta de una entidad que promueva un método uniforme y homologado para el fortalecimiento de las capacidades produce actividades fragmentadas y desiguales dentro de las entidades públicas de la Función Ejecutiva.

Cultura abierta y protección de denunciantes

> *La Recomendación de la OCDE pide alentar "una cultura de la transparencia donde los dilemas éticos, las preocupaciones relacionadas con la integridad en el sector público, y los errores puedan ser debatidos libremente", proporcionar "normas y procedimientos claros para la denuncia de sospechas relativas a infracciones de normas de integridad, y garantizando (…) protección legal y en la práctica contra todo tipo de trato injustificado derivado de denuncias realizadas de buena fe y razonablemente motivadas" y ofrecer "canales alternativos para la denuncia de sospechas de infracciones de normas de integridad, incluyéndose aquí, cuando proceda, la posibilidad de presentar denuncias a título confidencial ante un organismo facultado para llevar a cabo una investigación independiente." (OCDE, 2017[6])*

Las respuestas al cuestionario de la OCDE en Ecuador proporcionaron diferentes puntos de vista sobre el espacio institucional al cual puedan recurrir los servidores públicos para discutir abiertamente sus dudas e inquietudes relacionadas con la integridad, como las situaciones de dilemas éticos o de conflictos de interés. La mayoría de las instituciones señalaron las unidades jurídicas y de administración del talento humano, pero también al superior inmediato o al Comité de Ética. Con respecto a las iniciativas que promueven una cultura organizacional abierta, las que se han mencionado incluyen:

- Grupos muestra para analizar dudas e inquietudes sobre el ambiente laboral en referencia a la estrategia de la institución y a los resultados obtenidos en la encuesta de clima laboral.

- Herramientas virtuales como la llamada "Buzón Cuéntame", a través del cual los servidores públicos pueden hacer contribuciones, sugerencias, comentarios, reconocimientos sobre el ambiente de trabajo de la institución y otros temas.
- Evaluaciones del desempeño anuales que incluyen preguntas sobre la participación de los servidores públicos en la gestión y toma de decisiones de su unidad administrativa y de la entidad en general.
- Encuestas de clima laboral y cultura organizacional con posibilidades de comentarios y sugerencias.

Aunque estas son iniciativas útiles para mejorar la cultura organizacional y el bienestar, las entrevistas realizadas durante la misión investigadora confirmaron que no existe una unidad ni un área específica con el mandato de promover una cultura organizacional abierta, tal como se entiende en la *Recomendación de la OCDE sobre Integridad Pública* (OCDE, 2017[6]). También destacaron que los servidores públicos habitualmente no utilizan los canales indicados para buscar asesoría en cuestiones éticas. Esto se debe, en parte, a que la mayoría de esas áreas tienen competencia en asuntos de investigación o disciplinarios, lo que no crea las condiciones adecuadas para tener una discusión abierta.

A su vez, en Ecuador existen reglamentos y directrices para la presentación de denuncias, pero para todos los ciudadanos en general. El Reglamento para la Presentación, Recepción y Trámite de Denuncias para Investigación Administrativa en la Contraloría General del Estado se aprobó mediante el Acuerdo 045-G-2018 del 27 de julio de 2018, junto con los siguientes puntos clave:

- Simplificación de requisitos para la presentación de denuncias.
- Establecer una amplia variedad de canales para presentar las denuncias: por escrito, en forma verbal, por teléfono, por correo electrónico y en el sitio web institucional.
- Asegurar la confidencialidad de la información a los denunciantes de buena fe para garantizar la protección de sus datos personales.

El Consejo de Participación Ciudadana y Control Social también estableció una normativa para la gestión de pedidos y denuncias sobre actos u omisiones que afecten la participación o generen corrupción (Resolución No. PLE-CPCCS-022-26-11-2015).

Algunas entidades públicas, como el Ministerio de Economía y Finanzas y el Ministerio de Producción, Comercio Exterior, Inversiones y Pesca, el Servicio de Rentas Internas y SERCOP han instituido sus propias políticas y protocolos de presentación de denuncias conforme a la norma ISO 37001. Fuera de la Función Ejecutiva, la Fiscalía General del Estado también creó una herramienta en línea llamada Buzón Transparencia, donde los ciudadanos pueden denunciar presuntos actos de corrupción e irregularidades cometidas por sus servidores públicos.

Un mecanismo diferente, pero compatible, de protección de testigos y víctimas en los procesos penales es proporcionado por la Fiscalía General del Estado mediante el Sistema Nacional de Protección de Víctimas y Testigos. Se puede otorgar protección a las familias de los participantes en procesos penales, pero no a otras personas cercanas a testigos o peritos; solo el fiscal, no las personas que buscan protección, pueden solicitar medidas de protección.

Si bien es cierto que se han emprendido acciones, sobre todo en algunas entidades públicas, Ecuador carece de una política y mecanismo nacional de presentación de denuncias diseñado para servidores públicos que también incluya protección eficaz contra represalias. Esta es una característica decisiva para promover la presentación de denuncias, en la que también hace hincapié la *Recomendación de la OCDE sobre Integridad Pública* (OCDE, 2017[6]).

Gestión de riesgos y auditoría

> La Recomendación de La OCDE pide implementar "un marco de control y gestión de riesgos que salvaguarde la integridad en las entidades del sector público", así como "reforzar el papel de la supervisión y control externos en el sistema de integridad del sector público." (OCDE, 2017[6])

La Contraloría General del Estado (CGE) es la Entidad de Fiscalización Superior de Ecuador y tiene el mandato constitucional del control de la utilización de los recursos estatales, y la consecución de los objetivos de las instituciones del Estado y de las personas jurídicas de derecho privado que dispongan de recursos públicos (Art. 211). Las atribuciones de la CGE incluyen la dirección del sistema de control administrativo, compuesto por la auditoría interna, la auditoría externa y el control interno de las instituciones del sector público (definido en los Art. 225 y 315 de la Constitución) y las entidades del sector privado que dispongan de recursos gubernamentales.

Estas entidades están obligadas a acatar las normas de control interno definidas por la Contraloría General del Estado en 2009 (Normas de control interno para las entidades, organismos del sector público y de las personas jurídicas de derecho privado que dispongan de recursos públicos). Éstas definen los objetivos y responsabilidades de control interno y establecen normas que orientan a las entidades, entre otros temas, sobre el ambiente de control, las actividades de control y la gestión de riesgos. La Ley Orgánica de la Contraloría General del Estado, en su Artículo 14, exige que todas las entidades públicas, cuando se justifique, cuenten con una Unidad de Auditoría Interna organizada, independiente y con recursos suficientes para llevar a cabo auditorías internas *ex post* y proporcionar asesoría profesional y oportuna en su campo de competencia, agregando valor a la gestión institucional y garantía razonable de que la gestión de la máxima autoridad y de otros servidores públicos se realiza de acuerdo con las normas. Las Unidades de Auditoría Interna dependen técnica y administrativamente de la CGE y su organización, estructura, funciones y atribuciones se reglamentan con mayor precisión en el Acuerdo No. 59-CG-2018 de la Contraloría General del Estado.

Aunque las normas de gestión de riesgos y control interno son exhaustivas y coinciden con las normas internacionales, en la práctica, su nivel de aplicación parece ser limitado. Las entrevistas durante la misión investigadora destacaron que, en concreto, el enfoque de gestión de riesgos es limitado dentro de las entidades públicas, especialmente, aunque no sólo, en relación con los riesgos de integridad y corrupción. Además, las Unidades de Auditoría Interna, cuando existen, tienden a centrarse en su función de auditoría dedicada a acatar las leyes y reglamentos, en lugar de proporcionar una asesoría y garantía objetivas e independientes a la dirección de la entidad. Adicionalmente, similar al caso de Perú (OCDE, 2017[46]), considerando que las Unidades de Auditoría Interna dependen técnica y administrativamente de la CGE, existe el riesgo de crear confusión entre los servicios públicos con respecto al control y auditoría interna y externa y, por lo tanto, de su propio papel para garantizar una aplicación eficaz de los controles internos (OCDE, 2019[1]).

Detección y sanción de casos disciplinarios

> La Recomendación de La OCDE pide "garantizar que los mecanismos de detección y sanción ofrezcan respuestas apropiadas a todas las sospechas de infracción de las normas de integridad pública por parte de servidores públicos y de todas las demás personas o entidades implicadas en las infracciones".

En Ecuador, la Ley Orgánica del Servicio Público reglamenta el régimen disciplinario, cuyo Artículo 41 estipula que los servidores que incumplieren sus obligaciones o contravinieren las disposiciones de esta Ley, incurrirán en responsabilidad administrativa y puede dar lugar a una sanción disciplinaria. Las faltas disciplinarias se dividen en leves, como el incumplimiento de horarios de trabajo durante una jornada laboral, desarrollo inadecuado de actividades dentro de la jornada laboral; y graves, que son las acciones u omisiones que contraríen de manera grave el ordenamiento jurídico o alteren gravemente el orden institucional. Las faltas leves dan lugar a la imposición de amonestaciones verbales o escritas, una sanción pecuniaria administrativa o una multa. Las sanciones por faltas graves incluyen la suspensión o destitución del servidor público.

El procedimiento sumario administrativo para determinar la responsabilidad disciplinaria y, en un momento dado, imponer las sanciones correspondientes es efectuado por el Ministerio del Trabajo mediante la unidad de administración del talento humano de la entidad pública. El procedimiento debe respetar las garantías procesales, asegurar la participación de las partes involucradas, el respeto al derecho de defensa y el principio *in dubio pro reo*.

Gracias a esta revisión preliminar de algunas leyes y políticas clave de Ecuador pertinentes para la integridad pública, surgen las siguientes deficiencias tanto en lo referente a su esfera de acción como a su aplicación a nivel de las entidades:

- El sistema de integridad de las entidades públicas de la Función Ejecutiva de Ecuador consta de políticas y arreglos institucionales que en su mayoría están diseñados para descubrir y sancionar las infracciones por corrupción. En el caso de los Comités de Ética, su principal función es revisar las posibles violaciones al Código de Ética; mientras que en el de la norma ISO 37001 la prioridad son los casos de soborno, que es más estrecha y más cercana al campo penal.
- Aunque existen diferencias entre las entidades, un enfoque similar surge del análisis de las políticas de integridad aplicable en las entidades y su implementación. En este sentido, los códigos y normas sobre situaciones de conflicto de interés se conciben como instrumentos jurídicos para detectar conductas indebidas; y la correspondiente oferta de capacitación no es homogénea ni continua para todos los servidores públicos en las instituciones y entidades públicas.
- Los espacios para la asesoría y el diálogo abierto sobre la integridad son limitados y no se utilizan en la práctica, mientras que la falta de protección para denunciantes limita la presentación de denuncias de quienes experimentan una violación a la integridad, pero temen represalias en su lugar de trabajo.
- Existen normas para la gestión de riesgos y el control interno, pero su aplicación en la práctica parece ser limitada y no se centra en la corrupción ni en los riesgos de integridad. La auditoría interna depende formalmente de la Contraloría General del Estado, y se centra más en el control *ex post* que en ofrecer garantía y apoyo a la dirección en materia de control interno y ambiente de gestión de riesgos. Como las Unidades de Auditoría Interna pertenecen formalmente a la CGE, también existe el riesgo de crear confusión entre el control y la auditoría interna y externa.
- Existe un sistema disciplinario, pero parece que hay problemas con relación a la eficacia que perciben los servidores públicos. Es más, la competencia de la unidad de administración del talento humano en materia de detección y sanción de casos disciplinarios impide que los servidores públicos acudan a ella para cuestiones relacionadas con la integridad, como las dudas o dilemas éticos.

El modelo propuesto por la norma ISO 37001 cubre áreas y temas pertinentes, con alguna referencia a la perspectiva preventiva y puede ser una herramienta para definir y aplicar responsabilidades y procesos anticorrupción en las entidades públicas, como ha sido el caso en algunas de las instituciones y entidades públicas que participaron en el ejercicio de recopilación de datos. Sin embargo, su viabilidad y efecto para institucionalizar la integridad a nivel de las entidades parece estar limitado por varios factores y puntos de vista similares sobre las fortalezas y debilidades de la norma ISO 37001 planteados con respecto a su uso en el sector privado (Murphy, 2019[47]).

- En primer lugar, el campo de acción se centra en el soborno, que es un delito penalmente pertinente cuyo alcance es mucho más estrecho y conceptualmente distinto a la integridad pública, que se refiere a la "alineación consistente con, y el cumplimiento de, los valores, principios y normas éticos compartidos, para mantener y dar prioridad a los intereses públicos, por encima de los interese privados, en el sector público". (OCDE, 2017[6])

- En segundo lugar, como se ha mencionado antes, la norma ISO 37001 exige un proceso de certificación externa que puede crear un incentivo positivo para que la entidad lo cumpla, pero no puede pretenderse que sea una garantía de que la entidad es inmune a los riesgos de integridad y corrupción. Durante diversas entrevistas de la misión investigadora se expresó preocupación en este sentido, en ellas se señaló que existe el riesgo de que las entidades utilicen la certificación como un fin en sí mismo con meros propósitos de comunicación y reputación. Esto puede afectar el desarrollo de un sistema de integridad viable, que requiere un compromiso continuo y esfuerzos sustanciales dirigidos a crear una cultura de integridad. Una certificación muy publicitada que no esté respaldada por cambios o escándalos continuos puede ser incluso contraproducente y avivar aún más la desconfianza en las acciones anticorrupción del gobierno.
- De modo similar, se señaló que la certificación implica costos que deben cubrirse con fondos públicos, debe renovarse de manera recurrente y solo puede ser efectuada por dos compañías externas, lo que puede crear la percepción de una competencia limitada para una labor tan delicada que exige el mayor grado de independencia, también a nivel de percepción.

Teniendo en cuenta estos límites y los resultados desiguales de los modelos institucionales existentes para crear culturas de integridad en toda la administración pública, Ecuador podría decidir centrar la función tanto de los Comités de Ética como del Comité Antisoborno en asuntos relacionados con la detección y sanción de casos, incluida la revisión de posibles infracciones del Código de Ética. Ésta es una de las principales responsabilidades de estos Comités, y por la cual son muy conocidos por los servidores públicos.

Además, podría asignar el mandato de integridad con un enfoque preventivo explícito a otra unidad dentro de las entidades públicas que no esté asociada con investigaciones ni con funciones de detección y sanción de casos. Considerando el actual contexto institucional de las entidades públicas en la Función Ejecutiva, y la importancia de vincular el concepto de integridad pública con unidades y responsabilidades ya definidas, Ecuador podría asignarlo a las unidades de cambio y cultura organizacional o a quien haga sus veces. En general, éstas son responsables de proponer, ejecutar, dirigir y gestionar los procesos de transformación y gestión del cambio de la cultura organizacional y la reforma institucional, que también pueden aprovecharse para promover y desarrollar una cultura de integridad (Recuadro 3.6). Estas unidades podrían apoyar en la elaboración participativa de normas, proporcionar aclaraciones y ofrecer asesoría confidencial en cuestiones de integridad — también basadas en las preguntas o en los resultados de las encuestas de cultura organizacional—, organizar debates y discusiones participativas sobre temas éticos que surjan de la función de asesoría y de las encuestas, además de promover y contribuir a las actividades de fortalecimiento de las capacidades en materia de integridad.

> **Recuadro 3.6. Unidades de cambio y cultura organizacional en Ecuador**
>
> En general, las unidades de cambio y cultura organizacional pertenecen al área que en las entidades públicas es responsable de la gestión estratégica, y su principal objetivo es dirigir los procesos de gestión del cambio en el interior de las organizaciones teniendo en cuenta el desarrollo continuo de la cultura organizacional y la madurez institucional.
>
> Las tareas específicas atribuidas a estas unidades varían según la entidad. Sin embargo, tomando como ejemplo las instituidas en el Ministerio de Salud Pública y el Ministerio de Educación, normalmente son responsables de desarrollar, entre otros, los siguientes productos:
>
> - Informes de medición del clima y la cultura.
> - Propuestas para proyectos y programas de innovación y gestión del cambio.
> - Planes de acción para mejorar el clima y la cultura organizacionales.
> - Planes de sensibilización y comunicación sobre la gestión del cambio y la resiliencia, así como sobre temas de innovación para generar un sentido de pertenencia en la institución.
> - Políticas y herramientas de gestión del cambio para establecer y mantener la comunicación institucional.
> - Comunicación y planes de capacitación en gestión del cambio para asegurar un flujo de información adecuado a todo el personal.
> - Informes sobre la aplicación de los planes y programas de gestión del cambio de la cultura organizacional en la institución, para convertir las estrategias organizacionales en planes concretos, supervisar su ejecución y proporcionar una perspectiva general completa de la gestión y resultados del funcionamiento.
> - Reportes de avance sobre la implementación del Modelo de Gestión Pública Institucional.
>
> Fuente: (Ministerio de Salud Pública del Ecuador, s.f.[48]); (Ministerio de Educación del Ecuador, 2014[49]).

Encomendar a las unidades de cambio y cultura organizacional, o a quien haga sus veces, un mandato de integridad sería compatible con el fortalecimiento recomendado del papel del Ministerio del Trabajo en el sistema de integridad en la Función Ejecutiva. Su Subsecretaría de Meritocracia y Desarrollo del Talento Humano también incluye a la Dirección de Gestión del Cambio y Cultura Organizacional, cuyas atribuciones son coordinar —con las unidades pertinentes a nivel de las entidades— la aplicación de las políticas, directrices metodológicas y herramientas necesarias para gestionar las acciones centradas en la gestión del cambio, el clima, cultura organizacional y desarrollo de administración del talento humano.

Un aspecto crucial que la OCDE destaca es evitar que las unidades en entidades públicas con un mandato de integridad también reciban y tramiten denuncias sobre posibles infracciones por corrupción, ya que crearía confusión y duplicación con las unidades que ya tienen esa responsabilidad (OCDE, 2019[50]). De hecho, agregar un mandato de integridad a las unidades de cambio y cultura organizacional le daría un papel fundamental en el sistema de integridad de la entidad, pero no la responsabilidad de todas las áreas relacionadas con la integridad. Su principal función sería promover y articular las iniciativas pertinentes en toda la entidad con el apoyo esencial de la máxima autoridad y en estrecha colaboración con los comités de ética y antisoborno, pero también con los comités de transparencia y datos abiertos y con todas las demás instancias o áreas con atribuciones pertinentes en materia de administración del talento humano, capacitación, transparencia, gobierno abierto, control interno y auditoría, gestión de riesgos, investigaciones y sanciones. En este contexto, Ecuador podría considerar los modelos institucionales de integridad institucional adoptados en Perú y Chile, que también cuentan con una función de integridad cuyas principales atribuciones son facilitar, coordinar y promover las acciones e iniciativas de integridad dentro de la entidad (Recuadro 3.7).

Recuadro 3.7. La función de promoción y articulación de la integridad en las entidades públicas de Chile y Perú

El sistema de integridad en Chile se ha robustecido en las agendas de los diferentes gobiernos de turno desde el año 1994, desarrollando más de 200 medidas administrativas y legales en materias de probidad. Se ha integrado además un ámbito de base conductual y participativo, a partir del año 2015 en adelante.

Las orientaciones del Consejo Asesor presidencial contra los conflictos de interés, el tráfico de influencias y la corrupción, fueron consideradas en la "Agenda de Transparencia y Probidad en los Negocios y la Política" del año 2016, siendo incluida la dimensión de integridad y transparencia como materias permanentes en las agendas presidenciales posteriores. Algunos objetivos de la Agenda consideran:

- Contar con un Código de Ética institucional y asegurar su cumplimiento.
- Garantizar estrategias de integridad que cuenten con el liderazgo del jefe superior de servicio.
- Crear canales de información, canales de consulta y canales de denuncia de inobservancia ética.

A fin de lograr estos objetivos, también se recomienda una estructura formal para el diseño e implementación del sistema de integridad. Incluye al titular de la entidad, asesores técnicos, un coordinador de integridad, un comité de integridad y una plataforma de gestión de la integridad. A diciembre de 2020, el 87% de las entidades públicas a nivel central han establecido dicha estructura, como también, 284 instituciones públicas han construido códigos de ética participativos.

En este contexto es pertinente destacar la labor del coordinador de integridad, quien es responsable de desarrollar las estrategias, acciones y herramientas para fortalecer la cultura organizacional con estrictas normas éticas; y adoptar un enfoque basado en riesgos para prevenir el daño a la reputación y la sanción de sus servidores. El coordinador de integridad es capacitado por la Dirección Nacional del Servicio Civil y sus funciones incluyen:

- Implementar acciones que promuevan las mejores prácticas y actualicen el código de ética, fomentando el pensamiento ético en los servidores de la institución.
- Coordinar la ejecución de los programas necesarios para difundir la integridad e instruir a los servidores públicos en este tema.
- Informar al titular de la entidad y al comité de integridad sobre las actividades, identificando los avances con vistas a generar credibilidad y confianza institucional.
- Difusión del código de ética y de material afín en la página web de la entidad y otros medios utilizados para comunicarse con sus servidores.

Un elemento toral del ecosistema de integridad del Perú es el llamado 'modelo de integridad y función de integridad" que toda entidad pública debe implementar, sin importar el nivel de gobierno del que se trate. El Decreto Legislativo No. 1327 del 6 de enero, de 2017, estipuló por vez primera la creación de las Oficinas de Integridad Institucional (OII), cuya labor se fortaleció aún más con el Plan Nacional de Integridad y Lucha contra la Corrupción, detallado en la Resolución No. 1-2019-PCM/SIP. Esta Resolución de la Secretaría de Integridad Pública obliga a todas las entidades a establecer una función de integridad —que debe desempeñar la OII, la autoridad administrativa máxima o el departamento de la unidad de recursos humanos— con las siguientes atribuciones:

- Implementar el modelo de integridad pública establecido en el Plan Nacional, que consta de 9 componentes: compromiso de la alta dirección; gestión de riesgos; políticas de integridad; transparencia, datos abiertos y rendición de cuentas; control y auditoría interna y externa; comunicación y capacitación; canales de denuncia; supervisión y vigilancia del modelo de integridad; un servidor encargado del modelo de integridad.
- La creación de mecanismos e instrumentos para promover la integridad.
- Acatar e interiorizar los valores y principios vinculados con el uso adecuado de los fondos, recursos, activos y responsabilidades públicas.

Fuente: (Dirección Nacional del Servicio Civil de Chile, s.f.[41]); (OCDE, 2019[50]).

4 Propuestas de acción para desarrollar sistemas de integridad en Ecuador

Este capítulo ofrece un resumen de las acciones propuestas en el informe, dividido en dos partes. El primer cuadro incluye las recomendaciones para sentar las bases de un sistema de integridad pública a nivel nacional a través de una mayor cooperación y visión estratégica. El segundo cuadro presenta las recomendaciones relacionadas con los arreglos institucionales para la integridad dentro de la Función Ejecutiva y sus entidades, donde la labor de instancias preventivas podría reconocerse y fortalecerse. Para cada recomendación, los cuadros indican con claridad a las instancias responsables y, cuando es pertinente, el plazo de ejecución previsto.

El informe ha analizado los arreglos institucionales para la integridad a nivel nacional y dentro de la Función Ejecutiva de Ecuador considerando el primer pilar de la *Recomendación de La OCDE sobre Integridad Pública*. Basado en este análisis, ofrece recomendaciones cuyo propósito es apoyar a Ecuador a institucionalizar la integridad pública, un enfoque preventivo contra la corrupción a través de la cooperación institucional y un enfoque estratégico que genere una visión para el país. Aunque estos son temas prioritarios y elementos cruciales para sentar las bases de un sistema de integridad pública en Ecuador, es necesario esforzarse más para forjar una cultura de integridad, tanto en el sector público como en la sociedad en general, y garantizar una rendición de cuentas eficaz acorde con el segundo y tercer pilares de la *Recomendación de la OCDE sobre Integridad Pública*.

Cuadro 4.1. Resumen de las principales recomendaciones para sentar las bases de un sistema nacional de integridad

Recomendación	Instancia responsable	Plazo de ejecución
Establecer como primer objetivo prioritario de integridad pública en el Plan Nacional de Desarrollo 2021-2025 la creación de un Sistema Nacional de Integridad y Lucha contra la Corrupción.	Presidente de la República y Consejo Nacional de Planificación	Corto plazo
Iniciar una fase de diálogo entre todas las instancias pertinentes, incluida la sociedad civil y el sector privado para analizar las propuestas y prioridades de la configuración del Sistema Nacional de Integridad y Lucha contra la Corrupción.	Presidente de la República con apoyo de todas las funciones del Estado pertinentes, sobre todo de la Función Ejecutiva y la Función de Transparencia y Control Social	Corto plazo
Aprobar una ley que cree el Sistema Nacional de Integridad y Lucha contra la Corrupción.	Función Legislativa	Corto a mediano plazo
Dirigir y presidir el Sistema Nacional de Integridad y Lucha contra la Corrupción.	Presidente de la República	No aplicable
Participar en forma activa y cooperar en el Sistema Nacional de Integridad y Lucha contra la Corrupción.	Todas las instituciones que conforman el Sistema Nacional de Integridad y Lucha contra la Corrupción	No aplicable
Establecer como segundo objetivo prioritario de integridad pública en el Plan Nacional de Desarrollo 2021-2025 la creación de una Estrategia Nacional de Integridad y Lucha contra la Corrupción a través de una hoja de ruta progresiva.	Presidente de la República y Consejo Nacional de Planificación	Corto plazo
Como primera fase, coordinar la formulación de un Plan de Acción para implementar las principales acciones prioritarias del Plan de Integridad Pública y Lucha contra la Corrupción 2019-2023 al tiempo que asegura la participación de todas las funciones del Estado en su diseño y ejecución.	Sistema Nacional de Integridad y Lucha contra la Corrupción	Corto plazo
Como segunda fase, coordinar la formulación de una nueva Estrategia Nacional de Integridad y Lucha contra la Corrupción para 2023-2026 mediante un proceso incluyente y participativo que comprenda a organizaciones de la sociedad civil y a instancias del sector privado.	Sistema Nacional de Integridad y Lucha contra la Corrupción	Mediano plazo
Coordinar la elaboración e implementación del Plan de Acción 2023-2024 de la Estrategia Nacional de Integridad y Lucha contra la Corrupción.	Sistema Nacional de Integridad y Lucha contra la Corrupción	Mediano plazo
Coordinar la elaboración y ejecución del Plan de Acción 2025-2026 de la Estrategia Nacional de Integridad y Lucha contra la Corrupción.	Sistema Nacional de Integridad y Lucha contra la Corrupción	Mediano plazo
Formular una política de Estado de largo plazo sobre integridad y lucha contra la corrupción.	Consejo Nacional de Planificación en coordinación con el Sistema Nacional de Integridad y Lucha contra la Corrupción	Largo plazo

Cuadro 4.2. Resumen de las principales recomendaciones para fortalecer los arreglos institucionales en materia de integridad en la Función Ejecutiva

Recomendación	Instancia responsable	Plazo de ejecución
Asignar a la Secretaría General de la Presidencia de la República funciones de coordinación y asesoría en integridad pública dentro de la Función Ejecutiva, así como el mandato de promover los valores y normas de integridad en las entidades públicas de la Función Ejecutiva al Ministerio del Trabajo.	Presidente de la República	Corto plazo
Dirigir y coordinar la agenda de integridad en todas las entidades de la Función Ejecutiva y asesorar al Presidente de la República en iniciativas jurídicas o de política pública en materia de integridad y prevención de la corrupción.	Secretaría General de la Presidencia de la República	No aplicable
Dentro de la Función Ejecutiva: • Formular, promover y apoyar iniciativas y políticas cuyo propósito sea la inclusión prioritaria de los valores y normas de integridad. • Crear acuerdos y programas de capacitación que favorezcan una cultura de integridad centrada en la prevención. • Garantizar la coherencia y cooperar con la Secretaría General de la Presidencia de la República. • Mantener la coordinación con otras entidades que dirijan otras funciones relacionadas con la integridad o en sectores de riesgo tanto en la Función Ejecutiva como en la Función de Transparencia y Control Social.	Ministerio del Trabajo	No aplicable
Asignar a las unidades de cambio y cultura organizacional o quien haga sus veces dentro de las instituciones y entidades de la Función Ejecutiva el mandato de promover un enfoque preventivo y una cultura de integridad pública.	Instituciones y entidades públicas de la Función Ejecutiva	Corto plazo
Dentro de las instituciones y entidades públicas de la Función Ejecutiva: • Apoyar la elaboración participativa de normas de integridad. • Hacer aclaraciones y ofrecer asesoría confidencial en cuestiones de integridad. • Organizar debates y discusiones participativas sobre temas éticos que surjan de la función de asesoría y de las encuestas. • Promover y contribuir a las actividades de fortalecimiento de las capacidades en materia de integridad. • Mantener la coordinación con los comités de ética y antisoborno pero también con los comités de datos abiertos y transparencia y con todas las demás instancias o áreas con atribuciones pertinentes en materia de administración del talento humano, capacitación, transparencia, gobierno abierto, control interno y auditoría, gestión de riesgos, investigaciones y sanciones.	Unidades de cambio y cultura organizacional o quien haga sus veces en las instituciones y entidades públicas de la Función Ejecutiva	No aplicable

Referencias

Alianza Anticorrupción de Chile (s.f.), *Entidades participantes*, http://www.alianzaanticorrupcion.cl/AnticorrupcionUNCAC/sector-publico/# (consultado el 12 de abril de 2021). [38]

Asamblea Nacional de la República del Ecuador (2018), *Ley Orgánica Integral para Prevenir y Erradicar la Violencia contra las Mujeres*, https://www.igualdad.gob.ec/wp-content/uploads/downloads/2018/05/ley_prevenir_y_erradicar_violencia_mujeres.pdf (consultado el 12 de abril de 2021). [18]

Asamblea Nacional de la República del Ecuador (2010), *Código Orgánico de Planificación y Finanzas Públicas*, https://www.gob.ec/sites/default/files/regulations/2020-06/C%C3%93DIGO_ORG%C3%81NICO_DE_PLANIFICACI%C3%93N_Y_FINANZAS%20-%20diciembre%202019.pdf (consultado el 12 de abril de 2021). [22]

Asamblea Nacional de la República del Ecuador (2008), *Constitución de la República del Ecuador*, https://www.asambleanacional.gob.ec/sites/default/files/documents/old/constitucion_de_bolsillo.pdf (consultado el 12 de abril de 2021). [13]

Asamblea Nacional de la República del Ecuador (2008), *Ley Orgánica del Sistema Nacional de Contratación Pública*, https://portal.compraspublicas.gob.ec/sercop/wp-content/uploads/2018/10/LOSNCP-ultima.pdf (consultado el 12 de abril de 2021). [19]

CEDATOS (2020), *Panorama politico y electoral*, https://www.cedatos.com.ec/blog/2020/12/07/cedatos-panorama-politico-y-electoral/ (consultado el 25 de marzo de 2021). [5]

Charron, N. et al. (2017), "Careers, Connections, and Corruption Risks: Investigating the Impact of Bureaucratic Meritocracy on Public Procurement Processes", *The Journal of Politics*, Vol. 79/1, pp. 89-104, http://dx.doi.org/10.1086/687209. [32]

Comisión Asesora Presidencial para la Integridad Pública y Transparencia de Chile; Dirección Nacional del Servicio Civil de Chile (2018), *Ordenanza 2304 de 2018*, https://www.gobiernosantiago.cl/wp-content/uploads/2019/12/Oficio-2304-2018-MINSEGPRES.pdf (consultado el 12 de abril de 2021). [39]

Consejo de Participación Ciudadana y Control Social del Ecuador (2016), *Modelo de Prácticas Transparentes. Guia para implementación.*, http://www.cpccs.gob.ec/docs/modelo-final.pdf (consultado el 27 de marzo de 2021). [17]

Dahlström, C., V. Lapuente and J. Teorell (2012), *The Merit of Meritocratization: Politics, Bureaucracy, and the Institutional Deterrents of Corruption*, Sage Publications, Inc.University of Utah, http://dx.doi.org/10.2307/41635262. [33]

Dirección Nacional del Servicio Civil de Chile (s.f.), *Sistemas de Integridad y Codigo de Ética*, https://www.serviciocivil.cl/sistemas-de-integridad-y-codigo-de-etica/ (consultado el 12 de abril de 2021). [41]

Dirección Nacional del Servicio Civil de Chile; Contraloría General de la República de Chile (2017), *Probidad y Ética Pública. Marco Normativo*, https://documentos.serviciocivil.cl/actas/dnsc/documentService/downloadWs?uuid=482d8510-6961-4872-a000-ebfdc2f6f9e9 (consultado el 12 de abril de 2021). [40]

El Comercio (2020), *Secretaría Anticorrupción se suprimió con Decreto 1065*, https://www.elcomercio.com/actualidad/secretaria-anticorrupcion-decreto-lenin-moreno.html (consultado el 25 de marzo de 2021). [16]

Frente de Transparencia y Lucha contra la Corrupción (2017), *Propuestas*, https://www.cenae.org/uploads/8/2/7/0/82706952/versio%CC%81n_final_151017_propuestas_finales_ftlc.pdf (consultado el 12 de abril de 2021). [14]

Función de Transparencia y Control Social del Ecuador (2019), *Plan Nacional de Integridad Pública y Lucha contra la Corrupción 2019-2023*, https://www.contraloria.gob.ec/WFDescarga.aspx?id=2629&tipo=doc (consultado el 19 de febrero de 2021). [21]

Gobierno Abierto Ecuador (2019), *Primer Plan de Acción de Gobierno Abierto Ecuador 2019-2022*, https://www.opengovpartnership.org/wp-content/uploads/2020/01/Ecuador_Action-Plan_2019-2021.pdf (consultado el 12 de abril de 2021). [26]

Gobierno de Argentina (2019), *Plan Nacional Anticorrupción 2019-2023*, https://www.argentina.gob.ar/sites/default/files/anexo_plan_nacional_anticorrupcion.pdf (consultado el 12 de abril de 2021). [27]

Gobierno de Paraguay (2020), *Plan Nacional de Integridad, Transparencia y Anticorrupción 2021-2025*, https://nube.senac.gov.py/s/jRWRXY6nH8iKmMx#pdfviewer (consultado el 12 de abril de 2021). [29]

Gobierno del Peru (2017), *Politica Nacional de Integridad y Lucha contra la Corrupción*, https://cdn.www.gob.pe/uploads/document/file/45986/Politica-Nacional-de-Integridad-y-Lucha-contra-la-Corrupcio%CC%81n.pdf (consultado el 12 de abril de 2021). [30]

Maesschalck, J. and J. Bertok (2009), "Towards a Sound Integrity Framework: Instruments, Processes, Structures and Conditions for Implementation", *SSRN Electronic Journal*, http://dx.doi.org/10.2139/ssrn.2652177. [36]

Meyer-Sahling, J. and K. Mikkelsen (2016), "Civil Service Laws, merit, politicization, and corruption: The perspective of public officials from five East European countries", *Public Administration*, Vol. 94/4, pp. 1105-1123, http://dx.doi.org/10.1111/padm.12276. [34]

Ministerio de Economía y Finanzas del Ecuador (2019), *Normas que rigen la lucha contra la corrupción y el sistema de gestión antisoborno en el Ministerio de Economía y Finanzas*, https://www.finanzas.gob.ec/wp-content/uploads/downloads/2019/07/Acuerdo-Lucha-Contra-la-Corrupci%C3%B3n.pdf (consultado el 12 de abril de 2021). [45]

Ministerio de Educación del Ecuador (2014), *Coordinación General de Gestión Estratégica*, https://educacion.gob.ec/wp-content/uploads/downloads/2014/03/7.-COORDINACION-GRAL.-DE-GESTION-ESTRATEGICA.pdf (consultado el 12 de abril de 2021). [49]

Ministerio de Salud Pública del Ecuador (2012), *Código de Ética para el Buen Vivir de la Función Ejecutiva*, https://issuu.com/saludecuador/docs/doc_codigo_etica (consultado el 12 de abril de 2021). [42]

Ministerio de Salud Pública del Ecuador (s.f.), *Que hace la Dirección Nacional de Cambio de Cultura Organizacional?*. [48]

Ministerio del Trabajo del Ecuador (2018), *Estatuto Orgánico por Procesos*, https://www.trabajo.gob.ec/wp-content/uploads/2019/03/ESTATUTO-MINISTERIO-DEL-TRABAJO-29112018.pdf (consultado el 26 de marzo de 2021). [35]

Moncagatta, P. et al. (2020), *The Political Culture of Democracy in Ecuador and in the Americas, 2018/2019: Taking the Pulse of Democracy*, https://www.vanderbilt.edu/lapop/ecuador/AB2018-19-Ecuador-Country-Report-Eng-V2-W-200903.pdf (consultado el 25 de marzo de 2021). [3]

Murphy, J. (2019), "The ISO 37001 Anti-Corruption Compliance Program Standard: What's Good, What's Bad, and Why It Matters", *SSRN Electronic Journal*, http://dx.doi.org/10.2139/ssrn.3315737. [47]

Murtin, F. et al. (2018), "Trust and its determinants: Evidence from the Trustlab experiment", *OECD Statistics Working Papers*, No. 2, https://doi.org/10.1787/869ef2ec-en. [7]

OCDE (2020), *Manual de la OCDE sobre Integridad Pública*, OECD Publishing, París, https://doi.org/10.1787/8a2fac21-es. [12]

OCDE (2019), *La Integridad Pública en América Latina y el Caribe 2018-2019*, OCDE, París, http://www.oecd.org/gov/integridad/integridad-publica-en-america-latina-caribe-2018-2019.htm (consultado el 25 de febrero de 2020). [1]

OCDE (2019), *Las Oficinas de Integridad Institucional en el Perú: Hacia la implementación de un Sistema de Integridad*, OCDE, París, https://www.oecd.org/gov/ethics/oficinas-integridad-institucional-Peru.pdf. [50]

OCDE (2017), *Estudio de la OCDE sobre integridad en el Perú: Reforzar la integridad del sector público para un crecimiento incluyente*, Estudios de la OCDE sobre Gobernanza Pública, OECD Publishing, París, https://doi.org/10.1787/9789264271470-es. [46]

OCDE (2017), *Recomendación de la OCDE sobre Integridad Pública*, OCDE, París, https://www.oecd.org/gov/ethics/recomendacion-sobre-integridad-es.pdf (consultado el 6 de julio de 2021). [6]

OCDE (2010), *Recommendation of the Council on Principles for Transparency and Integrity in Lobbying*, OCDE, París, https://legalinstruments.oecd.org/Instruments/ShowInstrumentView.aspx?InstrumentID=256& [9]

OCDE (2004), "OECD Guidelines for Managing Conflict of Interest in the Public Service", in *Managing Conflict of Interest in the Public Service: OECD Guidelines and Country Experiences*, OECD Publishing, París, https://dx.doi.org/10.1787/9789264104938-2-en. [8]

OCDE (s.f.), *Acerca de la OCDE*, https://www.oecd.org/acerca/ (consultado el 12 de abril de 2021). [11]

OCDE (s.f.), "La Integridad Pública en América Latina y el Caribe", https://www.oecd.org/governance/integridad/integridad-lac/ (consultado el 12 de abril de 2021). [10]

OCDE (de próxima publicación), *Multi-Dimensional Review of Ecuador*. [4]

OCDE et al. (2019), *Perspectivas económicas de América Latina 2019: Desarrollo en transición*, OECD Publishing, París, https://dx.doi.org/10.1787/g2g9ff1a-es. [2]

ONUDD (2020), *Segundo Ciclo de Examen de la CNUCC: Respuestas al Cuestionario de Autoevaluación de la República del Ecuador*. [20]

ONUDD (2015), *National Anti-Corruption Strategies: A Practical Guide for Development and Implementation*, United Nations Office on Drugs and Crime, New York, https://www.unodc.org/documents/corruption/Publications/2015/National_Anti-Corruption_Strategies_-_A_Practical_Guide_for_Development_and_Implementation_E.pdf (consultado el 7 de enero de 2018). [23]

PADF; FCD; CSIS (2020), *Diagnóstico sobre áreas prioritarias para la cooperación contra la corrupción en Ecuador*, https://padf.org/wp-content/uploads/2020/09/Informe-de-consultoria-con-portada.pdf (consultado el 12 de febrero de 2021). [15]

PNUD (2014), *Anti-corruption Strategies: Understanding what works, what doesn't and why? Lessons learned from the Asia-Pacific Region*, Programa de las Naciones Unidas para el Desarrollo, New York, https://www.undp.org/content/undp/en/home/librarypage/democratic-governance/anti-corruption/Report.html (consultado el 27 de marzo de 2021). [25]

Presidencia de la República del Ecuador (2019), *Informe a la Nación 2019*, https://www.presidencia.gob.ec/wp-content/uploads/downloads/2019/05/2019.05.24-INFORME-A-LA-NACI%C3%93N.pdf (consultado el 12 de abril de 2021). [43]

Presidencia de la República del Ecuador (2016), *Decreto 1067 del 8 de Junio de 2016*, https://www.presidencia.gob.ec/wp-content/uploads/downloads/2016/07/a1_decreto_1067.pdf (consultado el 12 de abril de 2021). [37]

Pyman, M., S. Eastwood and J. Elliott (2017), *Research comparing 41 national anti-corruption strategies: Insights and guidance for leaders*, Norton Rose Fulbright, http://www.nortonrosefulbright.com/knowledge/publications/147479/countries-curbingcorruption. [24]

Secretaría Técnica Planifica Ecuador (2019), *Norma Tecnica del Sistema Nacional de Planificacion Participativa*, https://www.planificacion.gob.ec/wp-content/uploads/downloads/2019/12/Norma_Tecnica_del_Sistema_Nacional_de_Planificacion_Participativa.pdf (consultado el 27 de marzo de 2021). [31]

Servicio Ecuatoriano de Normalización (s.f.), *La adopción de la norma ISO 37001 permitirá definir estrategias contra la corrupción*, https://www.normalizacion.gob.ec/la-adopcion-de-la-norma-iso-37001-permitira-definir-estrategias-contra-la-corrupcion/ (consultado el 12 de abril de 2021). [44]

Sistema Nacional Anti-corrupción de Mexico (2020), *Política Nacional Anti-corrupción*, https://www.sesna.gob.mx/wp-content/uploads/2020/02/Pol%C3%ADtica-Nacional-Anticorrupci%C3%B3n.pdf (consultado el 12 de abril de 2021). [28]

www.ingramcontent.com/pod-product-compliance
Ingram Content Group UK Ltd.
Pitfield, Milton Keynes, MK11 3LW, UK
UKHW050412240426
12048UKWH00020B/1475